# Kínai és Koreai Kulináris Kalandok

## Ízek a Kelet Világából

## Xian Kim

# Tartalomjegyzék

# Bevezetés

Mindenki, aki szeret főzni, szeret új ételekkel és új ízérzésekkel kísérletezni. Az ázsiai konyha rendkívül népszerűvé vált az elmúlt években, mert különféle ízeket kínál. A legtöbb étel a tűzhely tetején készül, és sok gyorsan elkészíthető és elkészíthető, így ideális azoknak az elfoglalt szakácsoknak, akik étvágygerjesztő és vonzó ételt szeretnének készíteni, amikor kevés a szabadidő. Ha nagyon szereted a távol-keleti főzést, valószínűleg már lesz wokod, és ez a tökéletes edény a könyvben szereplő ételek többségének elkészítéséhez. Ha még meg kell győződnie arról, hogy ez a főzési stílus az Ön számára való, használjon egy jó serpenyőt vagy serpenyőt a receptek kipróbálásához. Ha rájön, hogy milyen könnyen elkészíthető, és milyen ízletesen fogyasztható, szinte biztos, hogy be akar fektetni egy wokba a konyhájában.

*Csirke bambuszrügyekkel*

4-et szolgál ki

*45 ml/3 evőkanál földimogyoró-olaj*

*1 gerezd fokhagyma, összetörve*

*1 újhagyma (hagyma), apróra vágva*

*1 szelet gyömbérgyökér, apróra vágva*

*225 g/8 oz csirkemell, szeletekre vágva*

*225 g/8 uncia bambuszrügy, szeletekre vágva*

*45 ml/3 evőkanál szójaszósz*

*15 ml/1 evőkanál rizsbor vagy száraz sherry*

*5 ml/1 tk kukoricaliszt (kukoricakeményítő)*

Az olajat felforrósítjuk, és a fokhagymát, az újhagymát és a gyömbért enyhén barnára pirítjuk. Hozzáadjuk a csirkét, és kevergetve 5 percig pirítjuk. Adjuk hozzá a bambuszrügyet, és kevergetve pirítsuk 2 percig. Hozzákeverjük a szójaszószt, a bort vagy a sherryt és a kukoricalisztet, és kevergetve kb. 3 percig sütjük, amíg a csirke megpuhul.

6-8

*900 g/2 font friss sonka*

*30 ml/2 evőkanál barna cukor*

*60 ml/4 evőkanál rizsbor vagy száraz sherry*

A sonkát hőálló edénybe tesszük rácsra, lefedjük és forrásban lévő víz felett kb. 1 órán át pároljuk. Adjuk hozzá a cukrot és a bort vagy a sherryt az edényhez, fedjük le és pároljuk további 1 órán át, vagy amíg a sonka meg nem fő. Szeletelés előtt hagyjuk kihűlni a tálban.

*Szalonna káposztával*

4-et szolgál ki

*4 kiütés csíkos bacon, meghámozva és apróra vágva*

*2,5 ml/½ teáskanál só*

*1 szelet gyömbér gyökér, darálva*

*½ káposzta, felaprítva*

*75 ml/5 evőkanál csirke alaplé*

*15 ml/1 evőkanál osztrigaszósz*

A szalonnát ropogósra sütjük, majd kivesszük a serpenyőből. Adjuk hozzá a sót és a gyömbért, és kevergetve pirítsuk 2 percig. Adjuk hozzá a káposztát és jól keverjük össze, majd keverjük hozzá a bacont és adjuk hozzá az alaplevet, fedjük le és pároljuk körülbelül 5 percig, amíg a káposzta megpuhul, de még mindig kissé ropogós lesz. Keverjük hozzá az osztrigaszószt, fedjük le, és tálalás előtt pároljuk 1 percig.

*Mandulás csirke*

4-6

*375 ml/13 fl uncia/1½ csésze csirkealaplé*

*60 ml/4 evőkanál rizsbor vagy száraz sherry*

*45 ml/3 evőkanál kukoricaliszt (kukoricakeményítő)*

*15 ml/1 evőkanál szójaszósz*

*4 csirkemell*

*1 tojás fehérje*

*2,5 ml/½ teáskanál só*

*olaj a rántáshoz*

*75 g/3 uncia/½ csésze blansírozott mandula*

*1 nagy sárgarépa, kockára vágva*

*5 ml/1 teáskanál reszelt gyömbér gyökér*

*6 újhagyma (hagyma), szeletelve*

*3 szár zeller, szeletelve*

*100 g/4 oz gomba, szeletelve*

*100 g/4 uncia bambuszrügy, szeletelve*

Keverje össze az alaplevet, a bor vagy sherry felét, 30 ml/2 evőkanál kukoricalisztet és a szójaszószt egy serpenyőben. Forraljuk fel keverés közben, majd főzzük 5 percig, amíg a keverék besűrűsödik. Levesszük a tűzről és melegen tartjuk.

A csirke bőrét és csontjait eltávolítjuk, és 2,5 cm/1-es darabokra vágjuk. Keverjük össze a maradék bort vagy sherryt és a kukoricalisztet, a tojásfehérjét és a sót, adjuk hozzá a csirkedarabokat és jól keverjük össze. Felforrósítjuk az olajat, és a csirkedarabokat egyenként kb. 5 perc alatt aranybarnára sütjük. Jól lecsepegtetjük. Távolítsa el az összes olajat, kivéve 30 ml/2 evőkanálnyi olajat a serpenyőből, és kevergetve pirítsa a mandulát 2 percig, amíg aranybarna nem lesz. Jól lecsepegtetjük. Adjuk hozzá a sárgarépát és a gyömbért a serpenyőbe, és kevergetve pirítsuk 1 percig. Hozzáadjuk a maradék zöldségeket, és kevergetve körülbelül 3 percig pirítjuk, amíg a zöldségek megpuhulnak, de még ropogósak. Tegye vissza a csirkét és a mandulát a serpenyőbe a szósszal, és mérsékelt lángon keverje néhány percig, amíg át nem melegszik.

*Csirke mandulával és vízi gesztenyével*

4-et szolgál ki

*6 szárított kínai gomba*

*4 csirkedarab, kicsontozva*

*100 g/4 uncia őrölt mandula*

*sót és frissen őrölt borsot*

*60 ml/4 evőkanál földimogyoró-olaj*

*100 g/4 oz vízgesztenye, szeletelve*

*75 ml/5 evőkanál csirke alaplé*

*30 ml/2 evőkanál szójaszósz*

A gombát 30 percre meleg vízbe áztatjuk, majd leszűrjük. Dobja el a szárakat, és szeletelje fel a kupakokat. Vékonyra szeleteljük a csirkét. A mandulát bőségesen sózzuk és borsozzuk, a csirkeszeleteket pedig a mandulával vonjuk be. Az olajat felforrósítjuk, és a csirkét enyhén barnára sütjük. Hozzáadjuk a gombát, a vízgesztenyét, az alaplevet és a szójaszószt, felforraljuk, lefedjük, és pár percig pároljuk, amíg a csirke megpuhul.

*Csirke mandulával és zöldségekkel*

4-et szolgál ki

*75 ml/5 evőkanál földimogyoró-olaj*

*4 szelet gyömbér gyökér, darálva*

*5 ml/1 teáskanál só*

*100 g kínai kel, aprítva*

*50 g/2 uncia bambuszrügy, kockára vágva*

*50 g gomba kockára vágva*

*2 szár zeller, felkockázva*

*3 vízi gesztenye, felkockázva*

*120 ml/4 fl uncia/½ csésze csirkealaplé*

*225 g/8 oz csirkemell, kockára vágva*

*15 ml/1 evőkanál rizsbor vagy száraz sherry*

*50 g mangetout (hóborsó)*

*100 g/4 oz pehely mandula, pirítva*

*10 ml/2 tk kukoricaliszt (kukoricakeményítő)*

*15 ml/1 evőkanál víz*

Melegítsük fel az olaj felét, és kevergetve pirítsuk meg a gyömbért és a sót 30 másodpercig. Hozzáadjuk a káposztát, a bambuszrügyet, a gombát, a zellert és a vizes gesztenyét, és kevergetve 2 percig pirítjuk. Adjuk hozzá az alaplevet, forraljuk fel, fedjük le és pároljuk 2 percig. Vegye ki a zöldségeket és a szószt a serpenyőből. A maradék olajat felforrósítjuk, és 1 percig sütjük a csirkét. Hozzáadjuk a bort vagy a sherryt, és 1 percig pirítjuk. Tegye vissza a zöldségeket a serpenyőbe a mangetouttal és a mandulával, és párolja 30 másodpercig. A kukoricalisztet és a vizet keverjük pépesre, keverjük a szószhoz, és kevergetve pároljuk addig, amíg a szósz besűrűsödik.

*Ánizs csirke*

4-et szolgál ki

*75 ml/5 evőkanál földimogyoró-olaj*

*2 hagyma, apróra vágva*

*1 gerezd fokhagyma apróra vágva*

*2 szelet gyömbérgyökér, apróra vágva*

*15 ml/1 evőkanál sima (univerzális) liszt*

*30 ml/2 evőkanál curry por*

*450 g/1 font csirke, kockára vágva*

*15 ml/1 evőkanál cukor*

*30 ml/2 evőkanál szójaszósz*

*450 ml/¾ pt/2 csésze csirkealaplé*

*2 gerezd csillagánizs*

*225 g/8 uncia burgonya, kockára vágva*

Az olaj felét felforrósítjuk és a hagymát enyhén megpirítjuk, majd kivesszük a serpenyőből. A maradék olajat felforrósítjuk, és a fokhagymát és a gyömbért 30 másodpercig megpirítjuk. Hozzákeverjük a lisztet és a curryport, és 2 percig főzzük. A hagymát visszatesszük a serpenyőbe, hozzáadjuk a csirkét, és kevergetve 3 percig pirítjuk. Adjuk hozzá a cukrot, a szójaszószt, az alaplevet és az ánizst, forraljuk fel, fedjük le és pároljuk 15 percig. Adjuk hozzá a burgonyát, forraljuk vissza, fedjük le és pároljuk további 20 percig, amíg megpuhul.

*Csirke sárgabarackkal*

**4-et szolgál ki**

*4 darab csirke*

*sót és frissen őrölt borsot*

*csipet őrölt gyömbér*

*60 ml/4 evőkanál földimogyoró-olaj*

*225 g/8 uncia konzerv sárgabarack, félbevágva*

*300 ml/½ pt/1¼ csésze édes-savanyú szósz*

*30 ml/2 evőkanál pehely mandula, pirítva*

Ízesítsük a csirkét sóval, borssal és gyömbérrel. Az olajat felforrósítjuk, és a csirkét enyhén barnára sütjük. Fedjük le és főzzük körülbelül 20 percig, amíg megpuhul, időnként megforgatva. Engedje le az olajat. Adjuk hozzá a sárgabarackot és a szószt a serpenyőbe, forraljuk fel, fedjük le, és lassú tűzön pároljuk körülbelül 5 percig, vagy amíg át nem melegszik. Díszítsük mandulareszelékkel.

*Csirke spárgával*

4-et szolgál ki

*45 ml/3 evőkanál földimogyoró-olaj*

*5 ml/1 teáskanál só*

*1 gerezd fokhagyma, összetörve*

*1 újhagyma (hagyma), apróra vágva*

*1 csirkemell, szeletelve*

*30 ml/2 evőkanál feketebab szósz*

*350 g/12 uncia spárga, 2,5 cm-es darabokra vágva*

*120 ml/4 fl uncia/½ csésze csirkealaplé*

*5 ml/1 teáskanál cukor*

*15 ml/1 evőkanál kukoricaliszt (kukoricakeményítő)*

*45 ml/3 evőkanál víz*

Az olaj felét felforrósítjuk, és a sót, a fokhagymát és az újhagymát enyhén barnára pirítjuk. Hozzáadjuk a csirkét, és világos színűre sütjük. Adjuk hozzá a feketebab szószt és keverjük össze, hogy bevonja a csirkét. Adjuk hozzá a spárgát, az alaplevet és a cukrot, forraljuk fel, fedjük le és pároljuk 5 percig,

amíg a csirke megpuhul. A kukoricalisztet és a vizet pépesre
keverjük, belekeverjük a serpenyőbe, és kevergetve addig
pároljuk, amíg a szósz kitisztul és besűrűsödik.



*Csirke padlizsánnal*

*4-et szolgál ki*

*225 g/8 uncia csirke, szeletelve*

*15 ml/1 evőkanál szójaszósz*

*15 ml/1 evőkanál rizsbor vagy száraz sherry*

*15 ml/1 evőkanál kukoricaliszt (kukoricakeményítő)*

*1 padlizsán (padlizsán), meghámozva és csíkokra vágva*

*30 ml/2 evőkanál földimogyoró-olaj*

*2 szárított piros chili paprika*

*2 gerezd fokhagyma, összetörve*

*75 ml/5 evőkanál csirke alaplé*

Helyezze a csirkét egy tálba. A szójaszószt, a bort vagy a sherryt
és a kukoricalisztet összekeverjük, a csirkehúshoz keverjük és 30
percig állni hagyjuk. A padlizsánt forrásban lévő vízben 3 percig
blansírozzuk, majd jól leszűrjük. Az olajat felforrósítjuk, és a
paprikát sötétedésig pirítjuk, majd kivesszük és kidobjuk. Adjuk
hozzá a fokhagymát és a csirkehúst, és kevergetve pirítsuk enyhe
színig. Adjuk hozzá az alaplevet és a padlizsánt, forraljuk fel,
fedjük le és pároljuk 3 percig, időnként megkeverve.

4-6

*225 g/8 uncia csirke, kockára vágva*

*30 ml/2 evőkanál szójaszósz*

*15 ml/1 evőkanál rizsbor vagy száraz sherry*

*5 ml/1 teáskanál cukor*

*5 ml/1 teáskanál szezámolaj*

*sót és frissen őrölt borsot*

*225 g/8 oz szalonnareszelék*

*1 tojás, enyhén felverve*

*100 g/4 oz sima (univerzális) liszt*

*olaj a rántáshoz*

*4 paradicsom, szeletelve*

Keverje össze a csirkét a szójaszósszal, borral vagy sherryvel, cukorral, szezámolajjal, sóval és borssal. Fedjük le és hagyjuk 1 órán át pácolódni, időnként megkeverve, majd vegyük ki a csirkét, és dobjuk ki a pácot. A szalonnát darabokra vágjuk, és a csirkekockákra tekerjük. A tojásokat a liszttel kemény habbá verjük, ha kell, kevés tejet adunk hozzá. A kockákat mártsuk bele a tésztába. Az olajat felforrósítjuk, és a kockákat aranybarnára sütjük és átsütjük. Paradicsommal díszítve tálaljuk.



*Csirke babcsírával*

4-et szolgál ki

*45 ml/3 evőkanál földimogyoró-olaj*

*1 gerezd fokhagyma, összetörve*

*1 újhagyma (hagyma), apróra vágva*

*1 szelet gyömbérgyökér, apróra vágva*

*225 g/8 oz csirkemell, szeletekre vágva*

*225 g/8 oz babcsíra*

*45 ml/3 evőkanál szójaszósz*

*15 ml/1 evőkanál rizsbor vagy száraz sherry*

*5 ml/1 tk kukoricaliszt (kukoricakeményítő)*

Az olajat felforrósítjuk, és a fokhagymát, az újhagymát és a gyömbért enyhén barnára pirítjuk. Hozzáadjuk a csirkét, és kevergetve 5 percig pirítjuk. Hozzáadjuk a babcsírát, és kevergetve 2 percig pirítjuk. Hozzákeverjük a szójaszószt, a bort vagy a sherryt és a kukoricalisztet, és kevergetve kb. 3 percig sütjük, amíg a csirke megpuhul.

*Csirke fekete bab szósszal*

4-et szolgál ki

*30 ml/2 evőkanál földimogyoró-olaj*

*5 ml/1 teáskanál só*

*30 ml/2 evőkanál feketebab szósz*

*2 gerezd fokhagyma, összetörve*

*450 g/1 font csirke, kockára vágva*

*250 ml/8 fl oz/1 csésze alaplé*

*1 zöldpaprika, kockára vágva*

*1 hagyma, apróra vágva*

*15 ml/1 evőkanál szójaszósz*

*frissen őrölt bors*

*15 ml/1 evőkanál kukoricaliszt (kukoricakeményítő)*

*45 ml/3 evőkanál víz*

Melegítsük fel az olajat, és pirítsuk meg a sót, a fekete babot és a fokhagymát 30 másodpercig. Hozzáadjuk a csirkét, és enyhén barnára sütjük. Hozzákeverjük az alaplevet, felforraljuk, lefedjük és 10 percig pároljuk. Adjuk hozzá a borsot, a hagymát, a szójaszószt és a borsot, fedjük le, és pároljuk további 10 percig.

A kukoricalisztet és a vizet pépesre keverjük, a szószhoz keverjük, és kevergetve addig pároljuk, amíg a szósz besűrűsödik és a csirke megpuhul.

*Csirke brokkolival*

4-et szolgál ki

*450 g/1 font csirkehús, kockára vágva*

*225 g/8 oz csirkemáj*

*45 ml/3 evőkanál sima (univerzális) liszt*

*45 ml/3 evőkanál földimogyoró-olaj*

*1 hagyma, felkockázva*

*1 pirospaprika, kockára vágva*

*1 zöldpaprika, kockára vágva*

*225 g/8 uncia brokkoli virágok*

*4 szelet ananász, felkockázva*

*30 ml/2 evőkanál paradicsompüré (tészta)*

*30 ml/2 evőkanál hoisin szósz*

*30 ml/2 evőkanál méz*

*30 ml/2 evőkanál szójaszósz*

*300 ml/½ pt/1¼ csésze csirkealaplé*

*10 ml/2 teáskanál szezámolaj*

A csirkemájat és a csirkemájat beleforgatjuk a lisztbe. Felforrósítjuk az olajat, és kevergetve pirítjuk a májat 5 percig, majd kivesszük a serpenyőből. Hozzáadjuk a csirkét, lefedjük, és mérsékelt lángon 15 percig sütjük, időnként megkeverve. Hozzáadjuk a zöldségeket és az ananászt, és kevergetve 8 percig pirítjuk. A májakat visszatesszük a wokba, hozzáadjuk a többi hozzávalót és felforraljuk. Pároljuk, kevergetve, amíg a szósz besűrűsödik.

*Csirke káposztával és földimogyoróval*

4-et szolgál ki

*45 ml/3 evőkanál földimogyoró-olaj*

*30 ml/2 evőkanál földimogyoró*

*450 g/1 font csirke, kockára vágva*

*½ káposzta, négyzetekre vágva*

*15 ml/1 evőkanál feketebab szósz*

*2 piros chili paprika, darálva*

*5 ml/1 teáskanál só*

Kevés olajat felforrósítunk, és folyamatos kevergetés mellett néhány percig pirítjuk benne a földimogyorót. Kivesszük, leszűrjük, majd összetörjük. A maradék olajat felhevítjük, és a csirkét és a káposztát enyhén barnára sütjük. Vegye ki a serpenyőből. Hozzáadjuk a feketebab szószt és a chilipaprikát, és

kevergetve 2 percig pirítjuk. A csirkét és a káposztát tegyük
vissza a serpenyőbe a darált mogyoróval és ízesítsük sóval.
Kevergetve addig sütjük, amíg át nem melegszik, majd azonnal
tálaljuk.

*Csirke kesudióval*

4-et szolgál ki

*30 ml/2 evőkanál szójaszósz*

*30 ml/2 evőkanál kukoricaliszt (kukoricakeményítő)*

*15 ml/1 evőkanál rizsbor vagy száraz sherry*

*350 g/12 oz csirke, kockára vágva*

*45 ml/3 evőkanál földimogyoró-olaj*

*2,5 ml/½ teáskanál só*

*2 gerezd fokhagyma, összetörve*

*225 g/8 uncia gomba, szeletelve*

*100 g/4 oz vízgesztenye, szeletelve*

*100 g/4 uncia bambuszrügy*

*50 g mangetout (hóborsó)*

*225 g/8 uncia/2 csésze kesudió*

*300 ml/½ pt/1¼ csésze csirkealaplé*

Keverjük össze a szójaszószt, a kukoricalisztet és a bort vagy
sherryt, öntsük a csirkére, fedjük le és hagyjuk pácolódni
legalább 1 órán keresztül. 30 ml/2 evőkanál olajat felforrósítunk

a sóval és a fokhagymával, és addig pirítjuk, amíg a fokhagyma enyhén megpirul. Hozzáadjuk a csirkét a páclével, és kevergetve 2 percig sütjük, amíg a csirke enyhén megpirul. Hozzáadjuk a gombát, a vízgesztenyét, a bambuszrügyet és a mangetoutot, és kevergetve 2 percig pirítjuk. Közben egy külön serpenyőben felhevítjük a maradék olajat, és enyhe lángon néhány perc alatt aranybarnára pirítjuk a kesudiót. Adjuk hozzá a serpenyőbe az alaplével, forraljuk fel, fedjük le és pároljuk 5 percig. Ha a szósz nem sűrűsödött be kellőképpen, keverjünk hozzá egy kis kanál vízzel elkevert kukoricalisztet, és addig keverjük, amíg a szósz besűrűsödik és kitisztul.

*Csirke gesztenyével*

4-et szolgál ki

*225 g/8 uncia csirke, szeletelve*

*5 ml/1 teáskanál só*

*15 ml/1 evőkanál szójaszósz*

*olaj a rántáshoz*

*250 ml/8 fl uncia/1 csésze csirkealaplé*

*200 g/7 oz vízgesztenye, apróra vágva*

*225 g/8 uncia gesztenye, apróra vágva*

*225 g/8 uncia gomba, negyedelve*

*15 ml/1 evőkanál apróra vágott friss petrezselyem*

A csirkét megszórjuk sóval és szójaszósszal, és jól bedörzsöljük a csirkehúsba. Az olajat felforrósítjuk, és a csirkemellet aranybarnára sütjük, majd kivesszük és lecsepegtetjük. Tegye a csirkét egy serpenyőbe az alaplével, forralja fel és párolja 5 percig. Hozzáadjuk a vizes gesztenyét, a gesztenyét és a gombát, lefedve pároljuk körülbelül 20 percig, amíg minden megpuhul. Petrezselyemmel díszítve tálaljuk.

*Forró chili-csirke*

4-et szolgál ki

*350 g/1 font csirkehús, kockára vágva*

*1 tojás, enyhén felverve*

*10 ml/2 teáskanál szójaszósz*

*2,5 ml/½ teáskanál kukoricaliszt (kukoricakeményítő)*

*olaj a rántáshoz*

*1 zöldpaprika, kockára vágva*

*4 gerezd fokhagyma, zúzott*

*2 piros chili paprika, felaprítva*

*5 ml/1 teáskanál frissen őrölt bors*

*5 ml/1 teáskanál borecet*

*5 ml/1 teáskanál víz*

*2,5 ml/½ teáskanál cukor*

*2,5 ml/½ teáskanál chili olaj*

*2,5 ml/½ teáskanál szezámolaj*

Keverjük össze a csirkét a tojással, a szójaszósz felével és a kukoricaliszttel, és hagyjuk állni 30 percig. Az olajat felforrósítjuk, és a csirkemellet aranybarnára sütjük, majd jól leszűrjük. Öntsön le a serpenyőből 15 ml/1 evőkanál kivételével az összes olajat, tegyük bele a borsot, a fokhagymát és a chilipaprikát, és pirítsuk 30 másodpercig. Adjuk hozzá a borsot, a borecetet, a vizet és a cukrot, és pirítsuk 30 másodpercig. Tegyük vissza a csirkét a serpenyőbe, és kevergetve süssük néhány percig, amíg megpuhul. Chilivel és szezámolajjal megszórva tálaljuk.

*Rántott csirke chilivel*

4-et szolgál ki

*225 g/8 uncia csirke, szeletelve*

*2,5 ml/½ teáskanál szójaszósz*

*2,5 ml/½ teáskanál szezámolaj*

*2,5 ml/½ teáskanál rizsbor vagy száraz sherry*

*5 ml/1 tk kukoricaliszt (kukoricakeményítő)*

*só*

*45 ml/3 evőkanál földimogyoró-olaj*

*100 g/4 uncia spenót*

*4 újhagyma (hagyma), apróra vágva*

*2,5 ml/½ teáskanál chili por*

*15 ml/1 evőkanál víz*

*1 paradicsom, szeletelve*

Keverjük össze a csirkét a szójaszósszal, szezámolajjal, borral vagy sherryvel, a kukoricaliszt felével és egy csipet sóval. 30 percig állni hagyjuk. 15 ml/1 evőkanál olajat felforrósítunk, és a csirkét enyhén barnára sütjük. Kivesszük a wokból. Melegíts fel 15 ml/1 evőkanál olajat, és kevergetve pirítsd meg a spenótot, amíg megfonnyad, majd vedd ki a wokból. A maradék olajat felforrósítjuk, és az újhagymát, a chiliport, a vizet és a maradék kukoricalisztet 2 percig pirítjuk. Belekeverjük a csirkét, és gyorsan megpirítjuk. A spenótot egy felmelegített tányér köré rendezzük, rátesszük a csirkét, és paradicsommal díszítve tálaljuk.

*Suey csirkeszelet*

*4-et szolgál ki*

*100 g/4 oz kínai levél, aprítva*

*100 g/4 uncia bambuszrügy, csíkokra vágva*

*60 ml/4 evőkanál földimogyoró-olaj*

*3 újhagyma (hagyma), szeletelve*

*2 gerezd fokhagyma, összetörve*

*1 szelet gyömbérgyökér, apróra vágva*

*225 g/8 oz csirkemell, csíkokra vágva*

*45 ml/3 evőkanál szójaszósz*

*15 ml/1 evőkanál rizsbor vagy száraz sherry*

*5 ml/1 teáskanál só*

*2,5 ml/½ teáskanál cukor*

*frissen őrölt bors*

*15 ml/1 evőkanál kukoricaliszt (kukoricakeményítő)*

A kínai leveleket és a bambuszrügyeket forrásban lévő vízben 2 percig blansírozzuk. Lecsepegtetjük és szárítjuk. 45 ml/3 evőkanál olajat felforrósítunk, és a hagymát, a fokhagymát és a gyömbért enyhén barnára pirítjuk. Hozzáadjuk a csirkét, és kevergetve 4 percig pirítjuk. Vegye ki a serpenyőből. A maradék olajat felforrósítjuk, és kevergetve 3 percig pirítjuk a zöldségeket. Hozzáadjuk a csirkét, a szójaszószt, a bort vagy a sherryt, a sót, a cukrot és egy csipet borsot, és kevergetve 1 percig pirítjuk. A kukoricalisztet kevés vízzel elkeverjük, a szószhoz keverjük, és kevergetve addig pároljuk, amíg a szósz kitisztul és besűrűsödik.



*Chow Mein csirke*

4-et szolgál ki

*30 ml/2 evőkanál földimogyoró-olaj*

*2 gerezd fokhagyma, összetörve*

*450 g/1 font csirke, szeletelve*

*225 g/8 uncia bambuszrügy, szeletelve*

*100 g/4 uncia zeller, szeletelve*

*225 g/8 uncia gomba, szeletelve*

*450 ml/¾ pt/2 csésze csirkealaplé*

*225 g/8 oz babcsíra*

*4 hagyma, karikákra vágva*

*30 ml/2 evőkanál szójaszósz*

*30 ml/2 evőkanál kukoricaliszt (kukoricakeményítő)*

*225 g/8 oz szárított kínai tészta*

Az olajat a fokhagymával enyhén aranysárgára hevítjük, majd hozzáadjuk a csirkét, és kevergetve 2 percig pirítjuk, amíg enyhén megpirul. Hozzáadjuk a bambuszrügyet, a zellert és a gombát, és kevergetve 3 percig pirítjuk. Hozzáadjuk az alaplelet nagy részét, felforraljuk, lefedve pároljuk 8 percig. Adjuk hozzá a babcsírát és a hagymát, és kevergetve pároljuk 2 percig, amíg már csak egy kevés alaplé marad. Keverjük össze a maradék alaplevet a szójaszósszal és a kukoricaliszttel. Belekeverjük a serpenyőbe, és kevergetve addig pároljuk, amíg a szósz kitisztul és besűrűsödik.

Közben a tésztát forrásban lévő, sós vízben néhány percig főzzük a csomagoláson található utasítás szerint. Jól leszűrjük, majd a csirkehús keverékkel felöntjük, és azonnal tálaljuk.

*Ropogósra sült fűszerezett csirke*

4-et szolgál ki

*450 g/1 font csirkehús, kockákra vágva*

*30 ml/2 evőkanál szójaszósz*

*30 ml/2 evőkanál szilvaszósz*

*45 ml/3 evőkanál mangó chutney*

*1 gerezd fokhagyma, összetörve*

*2,5 ml/½ teáskanál őrölt gyömbér*

*néhány csepp pálinkát*

*30 ml/2 evőkanál kukoricaliszt (kukoricakeményítő)*

*2 tojás, felvert*

*100 g/4 oz/1 csésze szárított zsemlemorzsa*

*30 ml/2 evőkanál földimogyoró-olaj*

*6 újhagyma (hagyma), apróra vágva*

*1 pirospaprika, kockára vágva*

*1 zöldpaprika, kockára vágva*

*30 ml/2 evőkanál szójaszósz*

*30 ml/2 evőkanál méz*

*30 ml/2 evőkanál borecet*

Helyezze a csirkét egy tálba. A szószokat, a chutneyt, a fokhagymát, a gyömbért és a pálinkát összekeverjük, a csirkére öntjük, letakarjuk és 2 órán át pácoljuk. A csirkemellet leszűrjük,

37

majd megszórjuk kukoricaliszttel. Bekenjük tojással, majd zsemlemorzsával. Az olajat felforrósítjuk, majd a csirkemellet aranybarnára sütjük. Vegye ki a serpenyőből. Hozzáadjuk a zöldségeket, és kevergetve 4 percig pirítjuk, majd kivesszük. Lecsepegtetjük az olajat a serpenyőből, majd visszatesszük a csirkét és a zöldségeket a serpenyőbe a többi hozzávalóval együtt. Forrald fel, és tálalás előtt melegítsd át.

*Sült csirke uborkával*

4-et szolgál ki

*225 g/8 oz csirkehús*

*1 tojás fehérje*

*2,5 ml/½ teáskanál kukoricaliszt (kukoricakeményítő)*

*só*

*½ uborka*

*30 ml/2 evőkanál földimogyoró-olaj*

*100 g gomba*

*50 g/2 uncia bambuszrügy, csíkokra vágva*

*50 g/2 uncia sonka, kockára vágva*

*15 ml/1 evőkanál víz*

*2,5 ml/½ teáskanál só*

*2,5 ml/½ teáskanál rizsbor vagy száraz sherry*

*2,5 ml/½ teáskanál szezámolaj*

A csirkemellet felszeleteljük és kockákra vágjuk. A tojásfehérjével, a kukoricaliszttel és a sóval összekeverjük és állni hagyjuk. Az uborkát hosszában félbevágjuk, és átlósan vastag szeletekre vágjuk. Felforrósítjuk az olajat, és kevergetve süssük a csirkét enyhén barnára, majd vegyük ki a serpenyőből. Adjuk hozzá az uborkát és a bambuszrügyet, és kevergetve pirítsuk 1 percig. Tegye vissza a csirkét a serpenyőbe a sonkával, vízzel, sóval és borral vagy sherryvel. Felforraljuk, és addig főzzük, amíg a csirke megpuhul. Szezámolajjal meglocsolva tálaljuk.

4-et szolgál ki

*120 ml/4 fl oz/½ csésze földimogyoró-olaj*

*4 darab csirke*

*1 hagyma, apróra vágva*

*5 ml/1 teáskanál curry por*

*5 ml/1 teáskanál chili szósz*

*15 ml/1 evőkanál rizsbor vagy száraz sherry*

*2,5 ml/½ teáskanál só*

*600 ml/1 pt/2½ csésze csirkealaplé*

*15 ml/1 evőkanál kukoricaliszt (kukoricakeményítő)*

*45 ml/3 evőkanál víz*

*5 ml/1 teáskanál szezámolaj*

Felforrósítjuk az olajat, és a csirkedarabokat mindkét oldalukon aranybarnára sütjük, majd kivesszük a serpenyőből. Adjuk hozzá a hagymát, a curryport és a chiliszószt, és kevergetve pirítsuk 1 percig. Adjuk hozzá a bort vagy a sherryt és a sót, jól keverjük össze, majd tegyük vissza a csirkét a serpenyőbe, és keverjük újra. Adjuk hozzá az alaplevet, forraljuk fel, és lassú tűzön főzzük körülbelül 30 percig, amíg a csirke megpuhul. Ha a szósz nem csökkent eléggé, a kukoricalisztet és a vizet turmixoljuk pépesre, keverjük egy kicsit a szószhoz, és kevergetve pároljuk addig, amíg a szósz besűrűsödik. Szezámolajjal meglocsolva tálaljuk.



*Kínai csirke curry*

4-et szolgál ki

*45 ml/3 evőkanál curry por*

*1 hagyma, szeletelve*

*350 g/12 uncia csirke, kockára vágva*

*150 ml/¼ pt/bőséges ½ csésze csirkealaplé*

*5 ml/1 teáskanál só*

*10 ml/2 tk kukoricaliszt (kukoricakeményítő)*

*15 ml/1 evőkanál víz*

A curryport és a hagymát egy száraz serpenyőben 2 percig melegítjük, miközben a serpenyőt rázzuk, hogy bevonja a hagymát. Adjuk hozzá a csirkét, és addig keverjük, amíg a currypor jól bevonja. Adjuk hozzá az alaplevet és a sót, forraljuk fel, fedjük le és pároljuk körülbelül 5 percig, amíg a csirke megpuhul. A kukoricalisztet és a vizet pépesre keverjük, belekeverjük a serpenyőbe, és kevergetve addig pároljuk, amíg a szósz besűrűsödik.

*Gyors currys csirke*

4-et szolgál ki

*450 g/1 font csirkemell, kockára vágva*

*45 ml/3 evőkanál rizsbor vagy száraz sherry*

*50 g/2 oz kukoricaliszt (kukoricakeményítő)*

*1 tojás fehérje*

*só*

*150 ml/¼ pt/bőséges ½ csésze földimogyoró-olaj*

*15 ml/1 evőkanál curry por*

*10 ml/2 teáskanál barna cukor*

*150 ml/¼ pt/bőséges ½ csésze csirkealaplé*

Keverjük össze a csirkekockákat és a sherryt. A kukoricalisztből 10 ml/2 tk. A tojásfehérjét felverjük a maradék kukoricaliszttel és egy csipet sóval, majd a csirkehúshoz keverjük, amíg jól be nem vonódik. Az olajat felforrósítjuk, és a csirkét aranybarnára sütjük. Vegye ki a serpenyőből, és 15 ml/1 evőkanál olaj kivételével csepegtesse le. Hozzákeverjük a fenntartott kukoricalisztet, a curryport és a cukrot, és 1 percig pirítjuk. Hozzákeverjük az alaplevet, felforraljuk, és folyamatos kevergetés mellett addig főzzük, amíg a szósz besűrűsödik. Tegye vissza a csirkét a serpenyőbe, keverje össze, és tálalás előtt melegítse fel.

*Currys csirke burgonyával*

4-et szolgál ki

*45 ml/3 evőkanál földimogyoró-olaj*

*2,5 ml/½ teáskanál só*

*1 gerezd fokhagyma, összetörve*

*750 g/1½ font csirke, kockára vágva*

*225 g/8 uncia burgonya, kockára vágva*

*4 hagyma, karikákra vágva*

*15 ml/1 evőkanál curry por*

*450 ml/¾ pt/2 csésze csirkealaplé*

*225 g/8 uncia gomba, szeletelve*

Az olajat a sóval és a fokhagymával felhevítjük, hozzáadjuk a csirkemellet és enyhén barnára sütjük. Adjuk hozzá a burgonyát, a hagymát és a curryport, és kevergetve pirítsuk 2 percig. Adjuk hozzá az alaplevet, forraljuk fel, fedjük le és pároljuk körülbelül 20 percig, amíg a csirke megpuhul, időnként megkeverve. Adjuk hozzá a gombát, vegyük le a fedőt, és pároljuk további 10 percig, amíg a folyadék el nem fogy.

*Rántott csirkecomb*

*4-et szolgál ki*

*2 nagy csirkecomb, kicsontozva*

*2 újhagyma (hagyma)*

*1 szelet gyömbér, laposra verve*

*120 ml/4 fl oz/½ csésze szójaszósz*

*5 ml/1 teáskanál rizsbor vagy száraz sherry*

*olaj a rántáshoz*

*5 ml/1 teáskanál szezámolaj*

*frissen őrölt bors*

A csirke húsát kiterítjük, és az egészet bekarikázzuk. 1 újhagymát felverünk, a másikat felaprítjuk. Keverje össze az apróra vágott újhagymát a gyömbérrel, a szójaszósszal és a borral vagy sherryvel. Ráöntjük a csirkére, és 30 percig pácoljuk. Vegye ki és csepegtesse le. Tányérra tesszük párolórácsra, és 20 percig pároljuk.

Felforrósítjuk az olajat, és a csirkét körülbelül 5 perc alatt aranybarnára sütjük. Kivesszük a serpenyőből, jól lecsepegtetjük és vastagon felszeleteljük, majd a szeleteket egy felmelegített tányérra rendezzük. A szezámolajat felhevítjük, hozzáadjuk az apróra vágott újhagymát és a borsot, ráöntjük a csirkére, és tálaljuk.



*Rántott csirke curry szósszal*

4-et szolgál ki

*1 tojás, enyhén felverve*

*30 ml/2 evőkanál kukoricaliszt (kukoricakeményítő)*

*25 g/1 uncia/¼ csésze sima (univerzális) liszt*

*2,5 ml/½ teáskanál só*

*225 g/8 uncia csirke, kockára vágva*

*olaj a rántáshoz*

*30 ml/2 evőkanál földimogyoró-olaj*

*30 ml/2 evőkanál curry por*

*60 ml/4 evőkanál rizsbor vagy száraz sherry*

A tojást a kukoricaliszttel, a liszttel és a sóval kemény habbá verjük. Ráöntjük a csirkére, és jól átkeverjük, hogy bevonja. Felforrósítjuk az olajat, és a csirkemellet aranybarnára sütjük és átsütjük. Közben felforrósítjuk az olajat és 1 percig pirítjuk a curryport. Hozzákeverjük a bort vagy a sherryt, és felforraljuk. Helyezzük a csirkét egy felmelegített tányérra, és öntsük rá a curry szósszal.

*Részeg csirke*

4-et szolgál ki

*450 g/1 font csirkefilé, kockákra vágva*

*60 ml/4 evőkanál szójaszósz*

*30 ml/2 evőkanál hoisin szósz*

*30 ml/2 evőkanál szilvaszósz*

*30 ml/2 evőkanál borecet*

*2 gerezd fokhagyma, összetörve*

*csipet só*

*néhány csepp chili olaj*

*2 tojásfehérje*

*60 ml/4 evőkanál kukoricaliszt (kukoricakeményítő)*

*olaj a rántáshoz*

*200 ml/½ pt/1¼ csésze rizsbor vagy száraz sherry*

Helyezze a csirkét egy tálba. A szószokat és a borecetet, a fokhagymát, a sót és a chili olajat összekeverjük, a csirkére öntjük és 4 órára a hűtőben pácoljuk. A tojásfehérjét kemény habbá verjük, és beleforgatjuk a kukoricalisztet. Vegyük ki a csirkét a pácból, és kenjük be a tojásfehérje keverékkel. Az olajat felforrósítjuk, és a csirkemellet aranybarnára sütjük. Konyhai papíron jól leszűrjük és egy tálba tesszük. Öntsük fel a borral vagy a sherryvel, fedjük le, és 12 órán át a hűtőben pácoljuk. A csirkét kivesszük a borból, és hidegen tálaljuk.

*Sós csirke tojással*

4-et szolgál ki

*30 ml/2 evőkanál földimogyoró-olaj*

*4 darab csirke*

*2 újhagyma (hagyma), apróra vágva*

*1 gerezd fokhagyma, összetörve*

*1 szelet gyömbérgyökér, apróra vágva*

*175 ml/6 fl oz/¾ csésze szójaszósz*

*30 ml/2 evőkanál rizsbor vagy száraz sherry*

*30 ml/2 evőkanál barna cukor*

*5 ml/1 teáskanál só*

*375 ml/13 fl uncia/1½ csésze víz*

*4 keményre főtt (keményre főtt) tojás*

*15 ml/1 evőkanál kukoricaliszt (kukoricakeményítő)*

Az olajat felforrósítjuk, és a csirkedarabokat aranybarnára sütjük.
Hozzáadjuk az újhagymát, a fokhagymát és a gyömbért, és 2
percig pirítjuk. Adjuk hozzá a szójaszószt, a bort vagy a sherryt,
a cukrot és a sót, és jól keverjük össze. Adjuk hozzá a vizet,
forraljuk fel, fedjük le és pároljuk 20 percig. Adjuk hozzá a
kemény tojásokat, fedjük le és főzzük további 15 percig. A
kukoricalisztet kevés vízzel elkeverjük, a szószhoz keverjük, és
kevergetve addig pároljuk, amíg a szósz kitisztul és besűrűsödik.

*Csirke tojásos tekercs*

4-et szolgál ki

*4 szárított kínai gomba*

*100 g csirke csíkokra vágva*

*5 ml/1 tk kukoricaliszt (kukoricakeményítő)*

*15 ml/1 evőkanál szójaszósz*

*2,5 ml/½ teáskanál só*

*2,5 ml/½ teáskanál cukor*

*60 ml/4 evőkanál földimogyoró-olaj*

*225 g/8 oz babcsíra*

*3 újhagyma (hagyma), apróra vágva*

*100 g/4 uncia spenót*

*12 tojástekercs bőr*

*1 tojás, felvert*

*olaj a rántáshoz*

A gombát 30 percre meleg vízbe áztatjuk, majd leszűrjük. Dobja el a szárakat, és vágja fel a kupakokat. Helyezze a csirkét egy tálba. A kukoricalisztet összekeverjük 5 ml/1 teáskanál szójaszósszal, a sóval és a cukorral, majd a csirkehúshoz keverjük. 15 percig állni hagyjuk. Az olaj felét felforrósítjuk, és a csirkemellet enyhén barnára sütjük. A babcsírát forrásban lévő vízben 3 percig blansírozzuk, majd leszűrjük. A maradék olajat felhevítjük, és az újhagymát enyhén barnára pirítjuk. Keverje

hozzá a gombát, a babcsírát, a spenótot és a maradék szójaszószt.

Hozzáadjuk a csirkét, és kevergetve 2 percig pirítjuk. Hagyjuk

kihűlni. Mindegyik bőr közepére tegyünk egy kis tölteléket, és a

szélét kenjük meg felvert tojással. Hajtsa be az oldalát, majd

tekerje fel a tojástekercseket, a széleket tojással zárja le. Az olajat

felforrósítjuk, és a tojástekercseket ropogósra és aranybarnára

sütjük.

*Párolt csirke tojással*

4-et szolgál ki

*30 ml/2 evőkanál földimogyoró-olaj*

*4 csirkemell filé csíkokra vágva*

*1 pirospaprika csíkokra vágva*

*1 zöldpaprika, csíkokra vágva*

*45 ml/3 evőkanál szójaszósz*

*45 ml/3 evőkanál rizsbor vagy száraz sherry*

*250 ml/8 fl uncia/1 csésze csirkealaplé*

*100 g/4 oz jégsaláta, aprítva*

*5 ml/1 teáskanál barna cukor*

*30 ml/2 evőkanál hoisin szósz*

*só, bors*

*15 ml/1 evőkanál kukoricaliszt (kukoricakeményítő)*

*30 ml/2 evőkanál víz*

*4 tojás*

*30 ml/2 evőkanál sherry*

Felforrósítjuk az olajat, és aranybarnára sütjük a csirkét és a paprikát. Adjuk hozzá a szójaszószt, a bort vagy a sherryt és az alaplevet, forraljuk fel, fedjük le és pároljuk 30 percig. Hozzáadjuk a salátát, a cukrot és a hoisin szószt, majd sózzuk, borsozzuk. A kukoricalisztet és a vizet összekeverjük, a szószhoz keverjük, és kevergetve felforraljuk. A tojásokat felverjük a sherryvel, és vékony omlettként kisütjük. Sózzuk, borsozzuk és csíkokra szaggatjuk. Előmelegített tálba rendezzük, és rákanalazzuk a csirkére.

*Távol-keleti csirke*

4-et szolgál ki

*60 ml/4 evőkanál földimogyoró-olaj*

*450 g/1 font csirkehús, kockákra vágva*

*2 gerezd fokhagyma, összetörve*

*2,5 ml/½ teáskanál só*

*2 hagyma, apróra vágva*

*2 db szár gyömbér, apróra vágva*

*45 ml/3 evőkanál szójaszósz*

*30 ml/2 evőkanál hoisin szósz*

*45 ml/3 evőkanál rizsbor vagy száraz sherry*

*300 ml/½ pt/1¼ csésze csirkealaplé*

*5 ml/1 teáskanál frissen őrölt bors*

*6 kemény (keményre főtt) tojás, apróra vágva*

*15 ml/1 evőkanál kukoricaliszt (kukoricakeményítő)*

*15 ml/1 evőkanál víz*

Az olajat felforrósítjuk és a csirkemellet aranybarnára sütjük. Adjuk hozzá a fokhagymát, a sót, a hagymát és a gyömbért, és pirítsuk 2 percig. Adjuk hozzá a szójaszószt, a hoisin szószt, a bort vagy a sherryt, az alaplevet és a borsot. Forraljuk fel, fedjük le és pároljuk 30 percig. Adjuk hozzá a tojásokat. A kukoricalisztet és a vizet összekeverjük, majd a szószhoz keverjük. Felforraljuk, és kevergetve addig főzzük, amíg a szósz besűrűsödik.

*Csirke Foo Yung*

4-et szolgál ki

*6 tojás, felvert*

*45 ml/3 evőkanál kukoricaliszt (kukoricakeményítő)*

*100 g/4 oz gomba, durvára vágva*

*225 g/8 oz csirkemell, kockára vágva*

*1 hagyma, finomra vágva*

*5 ml/1 teáskanál só*

*45 ml/3 evőkanál földimogyoró-olaj*

A tojásokat felverjük, majd beledolgozzuk a kukoricalisztet. Keverje hozzá az összes többi hozzávalót, kivéve az olajat. Az olajat felforrósítjuk. A keveréket apránként öntse a serpenyőbe, hogy kis, körülbelül 7,5 cm/3 átmérőjű palacsintákat készítsen. Addig sütjük, amíg az alja aranybarna nem lesz, majd megfordítjuk és a másik oldalát is sütjük.

*Sonka és csirke Foo Yung*

4-et szolgál ki

*6 tojás, felvert*

*45 ml/3 evőkanál kukoricaliszt (kukoricakeményítő)*

*100 g/4 uncia sonka, kockára vágva*

*225 g/8 oz csirkemell, kockára vágva*

*3 újhagyma (hagyma), apróra vágva*

*5 ml/1 teáskanál só*

*45 ml/3 evőkanál földimogyoró-olaj*

A tojásokat felverjük, majd beledolgozzuk a kukoricalisztet. Keverje hozzá az összes többi hozzávalót, kivéve az olajat. Az olajat felforrósítjuk. A keveréket apránként öntse a serpenyőbe, hogy kis, körülbelül 7,5 cm/3 átmérőjű palacsintákat készítsen. Addig sütjük, amíg az alja aranybarna nem lesz, majd megfordítjuk és a másik oldalát is sütjük.

*Rántott csirke gyömbérrel*

4-et szolgál ki

*1 csirke félbevágva*

*4 szelet gyömbér gyökér, összetörve*

*30 ml/2 evőkanál rizsbor vagy száraz sherry*

*30 ml/2 evőkanál szójaszósz*

*5 ml/1 teáskanál cukor*

*olaj a rántáshoz*

Helyezze a csirkét egy sekély tálba. A gyömbért, a bort vagy a sherryt, a szójaszószt és a cukrot összekeverjük, a csirkére öntjük és a bőrbe dörzsöljük. 1 órát pácolódni hagyjuk. Az olajat felforrósítjuk, és a csirkemellet fele-fele arányban világosra sütjük. Vegyük ki az olajból, és hagyjuk kissé kihűlni, amíg felmelegítjük az olajat. Tegyük vissza a csirkét a serpenyőbe, és süssük aranybarnára és átsütjük. Tálalás előtt jól lecsepegtetjük.

*Gyömbéres csirke*

4-et szolgál ki

*225 g/8 oz csirke, vékonyra szeletelve*

*1 tojás fehérje*

*csipet só*

*2,5 ml/½ teáskanál kukoricaliszt (kukoricakeményítő)*

*15 ml/1 evőkanál földimogyoró-olaj*

*10 szelet gyömbér gyökér*

*6 gomba, félbevágva*

*1 sárgarépa, szeletelve*

*2 újhagyma (hagyma), szeletelve*

*5 ml/1 teáskanál rizsbor vagy száraz sherry*

*5 ml/1 teáskanál víz*

*2,5 ml/½ teáskanál szezámolaj*

Keverjük össze a csirkét a tojásfehérjével, sóval és kukoricaliszttel. Az olaj felét felforrósítjuk és a csirkemellet enyhén barnára sütjük, majd kivesszük a serpenyőből. A maradék olajat felforrósítjuk, és 3 percig pirítjuk benne a gyömbért, a gombát, a sárgarépát és az újhagymát. Tegye vissza a csirkét a serpenyőbe a borral vagy sherryvel és vízzel, és párolja, amíg a csirke megpuhul. Szezámolajjal meglocsolva tálaljuk.

*Gyömbéres csirke gombával és gesztenyével*

*4-et szolgál ki*

*60 ml/4 evőkanál földimogyoró-olaj*

*225 g/8 oz hagyma, szeletelve*

*450 g/1 font csirkehús, kockára vágva*

*100 g/4 oz gomba, szeletelve*

*30 ml/2 evőkanál sima (univerzális) liszt*

*60 ml/4 evőkanál szójaszósz*

*10 ml/2 teáskanál cukor*

*sót és frissen őrölt borsot*

*900 ml/1½ pt/3¾ csésze forró víz*

*2 szelet gyömbérgyökér, apróra vágva*

*450 g/1 font vizes gesztenye*

A fél olajat felforrósítjuk és a hagymát 3 percig pirítjuk, majd kivesszük a serpenyőből. A maradék olajat felhevítjük, és a csirkét enyhén barnára sütjük.

Adjuk hozzá a gombát és főzzük 2 percig. Szórjuk meg a keveréket liszttel, majd keverjük hozzá a szójaszószt, cukrot, sót és borsot. Felöntjük a vízzel és a gyömbért, a hagymát és a gesztenyét. Forraljuk fel, fedjük le, és lassú tűzön pároljuk 20 percig. Vegyük le a fedőt, és lassú tűzön főzzük tovább, amíg a szósz el nem fogy.

Arany csirke

4-et szolgál ki

*8 kis csirkedarab*

*300 ml/½ pt/1¼ csésze csirkealaplé*

*45 ml/3 evőkanál szójaszósz*

*15 ml/1 evőkanál rizsbor vagy száraz sherry*

*5 ml/1 teáskanál cukor*

*1 szeletekre vágott gyömbérgyökér, ledarálva*

Tegye az összes hozzávalót egy nagy serpenyőbe, forralja fel, fedje le és párolja körülbelül 30 percig, amíg a csirke teljesen meg nem fő. Vegyük le a fedőt, és pároljuk tovább, amíg a szósz el nem fogy.

*Pácolt arany csirkepörkölt*

4-et szolgál ki

*4 darab csirke*

*300 ml/½ pt/1¼ csésze szójaszósz*

*olaj a rántáshoz*

*4 újhagyma (hagyma), vastagon szeletelve*

*1 szelet gyömbér gyökér, darálva*

*2 piros chili paprika, szeletelve*

*3 gerezd csillagánizs*

*50 g/2 uncia bambuszrügy, szeletelve*

*150 ml/1½ pt/bőséges ½ csésze csirkealaplé*

*30 ml/2 evőkanál kukoricaliszt (kukoricakeményítő)*

*60 ml/4 evőkanál víz*

*5 ml/1 teáskanál szezámolaj*

A csirkét nagy darabokra vágjuk, és a szójaszószban 10 percig pácoljuk. Kivesszük és lecsepegtetjük, a szójaszószt lefoglaljuk.

Melegítsük fel az olajat, és süssük a csirkét körülbelül 2 percig, amíg enyhén megpirul. Vegye ki és csepegtesse le. 30 ml/2 evőkanál olaj kivételével az egészet leöntjük, majd hozzáadjuk az újhagymát, a gyömbért, a chilipaprikát és a csillagánizst, és 1 percig pirítjuk. Tegye vissza a csirkét a serpenyőbe a bambuszrügyekkel és a szójaszósszal, és adjon hozzá annyi alaplét, hogy ellepje a csirkét. Forraljuk fel és pároljuk körülbelül 10 percig, amíg a csirke megpuhul. A csirkét egy lyukas kanál segítségével vegyük ki a szószból, és helyezzük egy felmelegített tálra. A szószt leszűrjük, majd visszatesszük a serpenyőbe. A kukoricalisztet és a vizet habosra keverjük, a szószhoz keverjük, és kevergetve addig pároljuk, amíg a szósz besűrűsödik. Ráöntjük a csirkére, és kevés szezámolajjal meglocsolva tálaljuk.

*Arany érmék*

4-et szolgál ki

*4 csirkemell filé*

*30 ml/2 evőkanál méz*

*30 ml/2 evőkanál borecet*

*30 ml/2 evőkanál paradicsom ketchup (catsup)*

*30 ml/2 evőkanál szójaszósz*

*csipet só*

*2 gerezd fokhagyma, összetörve*

*5 ml/1 teáskanál ötfűszeres por*

*45 ml/3 evőkanál sima (univerzális) liszt*

*2 tojás, felvert*

*5 ml/1 teáskanál reszelt gyömbér gyökér*

*5 ml/1 teáskanál reszelt citromhéj*

*100 g/4 oz/1 csésze szárított zsemlemorzsa*

*olaj a rántáshoz*

Tegye a csirkét egy tálba. Keverjük össze a mézet, a borecetet, a paradicsomketchupot, a szójaszószt, a sót, a fokhagymát és az ötfűszeres port. Öntsük a csirkére, jól keverjük össze, fedjük le és pácoljuk a hűtőben 12 órára.

A csirkét kivesszük a pácból, és ujjnyi vastag csíkokra vágjuk. Meghintjük liszttel. Verjük fel a tojást, a gyömbért és a citrom héját. Bevonjuk a csirkét a keverékbe, majd a zsemlemorzsába, amíg egyenletes bevonat nem lesz. Az olajat felforrósítjuk, és a csirkemellet aranybarnára sütjük.

*Párolt csirke sonkával*

4-et szolgál ki

*4 adag csirke*

*100 g/4 oz füstölt sonka, apróra vágva*

*3 újhagyma (hagyma), apróra vágva*

*15 ml/1 evőkanál földimogyoró-olaj*

*sót és frissen őrölt borsot*

*15 ml/1 evőkanál lapos petrezselyem*

A csirkedarabokat 5 cm/1-es kockákra vágjuk, és egy tűzálló tálba tesszük a sonkával és az újhagymával. Meglocsoljuk olajjal, sózzuk, borsozzuk, majd óvatosan összedolgozzuk a hozzávalókat. Helyezze a tálat egy párolórácsra, fedje le, és forrásban lévő víz felett párolja körülbelül 40 percig, amíg a csirke megpuhul. Petrezselyemmel díszítve tálaljuk.

*Csirke Hoisin szósszal*

4-et szolgál ki

*4 adag csirke felezve*

*50 g/2 uncia/½ csésze kukoricaliszt (kukoricakeményítő)*

*olaj a rántáshoz*

*10 ml/2 tk reszelt gyömbér gyökér*

*2 hagyma, apróra vágva*

*225 g/8 uncia brokkoli virágok*

*1 pirospaprika, apróra vágva*

*225 g gomba*

*250 ml/8 fl uncia/1 csésze csirkealaplé*

*45 ml/3 evőkanál rizsbor vagy száraz sherry*

*45 ml/3 evőkanál almaecet*

*45 ml/3 evőkanál hoisin szósz*

*20 ml/4 teáskanál szójaszósz*

A csirkedarabokat bevonjuk a kukoricaliszt felével.

Felforrósítjuk az olajat, és a csirkedarabokat egyenként kb. 8 perc alatt aranybarnára sütjük és átsütjük. Kivesszük a tepsiből, és konyhai papíron lecsepegtetjük. 30 ml/2 evőkanál olaj kivételével az összes olajat kivesszük a serpenyőből, és kevergetve pirítjuk a gyömbért 1 percig. Adjuk hozzá a hagymát, és kevergetve pirítsuk 1 percig. Adjuk hozzá a brokkolit, a borsot és a gombát, és kevergetve pirítsuk 2 percig. Keverjük össze az alaplevet a fenntartott kukoriculiszttel és a többi hozzávalóval, és öntsük a serpenyőbe. Kevergetve felforraljuk, és addig főzzük, amíg a szósz kitisztul. Tegye vissza a csirkét a wokba, és keverés közben főzze körülbelül 3 percig, amíg át nem melegszik.

*Mézes csirke*

4-et szolgál ki

*30 ml/2 evőkanál földimogyoró-olaj*

*4 darab csirke*

*30 ml/2 evőkanál szójaszósz*

*120 ml/4 fl oz/½ csésze rizsbor vagy száraz sherry*

*30 ml/2 evőkanál méz*

*5 ml/1 teáskanál só*

*1 újhagyma (hagyma), apróra vágva*

*1 szelet gyömbér gyökér, finomra vágva*

Az olajat felforrósítjuk, és a csirkemellet minden oldalról barnára sütjük. Engedje le a felesleges olajat. A többi hozzávalót összekeverjük és a tepsibe öntjük. Forraljuk fel, fedjük le és pároljuk körülbelül 40 percig, amíg a csirke megpuhul.

*Kung pao csirke*

4-et szolgál ki

*450 g/1 font csirke, kockára vágva*

*1 tojás fehérje*

*5 ml/1 teáskanál só*

*30 ml/2 evőkanál kukoricaliszt (kukoricakeményítő)*

*60 ml/4 evőkanál földimogyoró-olaj*

*25 g/1 uncia szárított piros chili paprika, vágva*

*5 ml/1 tk darált fokhagyma*

*15 ml/1 evőkanál szójaszósz*

*15 ml/1 evőkanál rizsbor vagy száraz sherry 5 ml/1 teáskanál cukor*

*5 ml/1 teáskanál borecet*

*5 ml/1 teáskanál szezámolaj*

*30 ml/2 evőkanál víz*

Tegye a csirkét egy tálba a tojásfehérjével, sóval és a kukoricaliszt felével, és hagyja 30 percig pácolódni.

Felforrósítjuk az olajat, és a csirkét enyhén barnára sütjük, majd kivesszük a serpenyőből. Melegítsük fel az olajat, és pirítsuk meg a chilipaprikát és a fokhagymát 2 percig. Tegyük vissza a csirkét a serpenyőbe a szójaszósszal, borral vagy sherryvel, cukorral, borecettel és szezámolajjal, és kevergetve süssük 2 percig. A maradék kukoricalisztet elkeverjük a vízzel, belekeverjük a serpenyőbe, és kevergetve addig pároljuk, amíg a szósz kitisztul és besűrűsödik.

*Csirke póréhagymával*

4-et szolgál ki

*30 ml/2 evőkanál földimogyoró-olaj*

*5 ml/1 teáskanál só*

*225 g/8 uncia póréhagyma, szeletelve*

*1 szelet gyömbérgyökér, apróra vágva*

*225 g/8 oz csirke, vékonyra szeletelve*

*15 ml/1 evőkanál rizsbor vagy száraz sherry*

*15 ml/1 evőkanál szójaszósz*

Az olaj felét felforrósítjuk, a sót és a póréhagymát enyhén barnára pirítjuk, majd kivesszük a serpenyőből. A maradék olajat felforrósítjuk, és a gyömbért és a csirkét enyhén barnára sütjük.

Adjuk hozzá a bort vagy a sherryt és a szójaszószt, és pirítsuk további 2 percig, amíg a csirke megpuhul. Tegye vissza a póréhagymát a serpenyőbe, és keverje össze, amíg át nem melegszik. Egyszerre tálaljuk.

*Citromos csirke*

4-et szolgál ki

*4 kicsontozott csirkemell*

*2 tojás*

*50 g/2 uncia/½ csésze kukoricaliszt (kukoricakeményítő)*

*50 g/2 uncia/½ csésze sima (univerzális) liszt*

*150 ml/¼ pt/bőséges ½ csésze víz*

*földimogyoró (mogyoró) olaj rántáshoz*

*250 ml/8 fl uncia/1 csésze csirkealaplé*

*60 ml/5 evőkanál citromlé*

*30 ml/2 evőkanál rizsbor vagy száraz sherry*

*30 ml/2 evőkanál kukoricaliszt (kukoricakeményítő)*

*30 ml/2 evőkanál paradicsompüré (tészta)*

*1 fej saláta*

Mindegyik csirkemellet 4 részre vágjuk. Verjük fel a tojást, a kukoricalisztet és a sima lisztet, adjunk hozzá annyi vizet, hogy sűrű tésztát kapjunk. Helyezze a csirkedarabokat a masszába, és addig keverje, amíg teljesen be nem vonódik. Felforrósítjuk az olajat, és a csirkemellet aranybarnára sütjük és átsütjük.

Közben összekeverjük az alaplevet, a citromlevet, a bort vagy a sherryt, a kukoricalisztet és a paradicsompürét, és óvatosan kevergetve addig melegítjük, amíg a keverék fel nem forr. Óvatosan, folyamatos keverés mellett pároljuk, amíg a szósz besűrűsödik és kitisztul. A csirkét egy felmelegített tálalótányérra helyezzük egy salátalevél ágyra, és vagy öntsük le a szósszal, vagy tálaljuk külön.

*Citromos csirke keverősütjük*

4-et szolgál ki

*450 g/1 font kicsontozott csirke, szeletelve*

*30 ml/2 evőkanál citromlé*

*15 ml/1 evőkanál szójaszósz*

*15 ml/1 evőkanál rizsbor vagy száraz sherry*

*30 ml/2 evőkanál kukoricaliszt (kukoricakeményítő)*

*30 ml/2 evőkanál földimogyoró-olaj*

*2,5 ml/½ teáskanál só*

*2 gerezd fokhagyma, összetörve*

*50 g/2 oz vízgesztenye, csíkokra vágva*

*50 g/2 uncia bambuszrügy, csíkokra vágva*

*néhány kínai levél csíkokra vágva*

*60 ml/4 evőkanál csirke alaplé*

*15 ml/1 evőkanál paradicsompüré (tészta)*

*15 ml/1 evőkanál cukor*

*15 ml/1 evőkanál citromlé*

Helyezze a csirkét egy tálba. Keverjük össze a citromlevet, a szójaszószt, a bort vagy a sherryt és a 15 ml/1 evőkanál kukoricalisztet, öntsük a csirkére, és időnként megforgatva hagyjuk 1 órán át pácolódni.

Az olajat, a sót és a fokhagymát addig hevítjük, amíg a fokhagyma enyhén megpirul, majd hozzáadjuk a csirkét és a pácot, és kevergetve körülbelül 5 percig sütjük, amíg a csirke enyhén megpirul. Adjuk hozzá a vizes gesztenyét, a bambuszrügyet és a kínai leveleket, és kevergetve pirítsuk további 3 percig, vagy amíg a csirke meg nem fő. Hozzáadjuk a többi hozzávalót, és kevergetve körülbelül 3 percig sütjük, amíg a szósz kitisztul és besűrűsödik.

*Csirkemáj bambuszrügyekkel*

4-et szolgál ki

*225 g/8 oz csirkemáj, vastagon szeletelve*

*45 ml/3 evőkanál rizsbor vagy száraz sherry*

*45 ml/3 evőkanál földimogyoró-olaj*

*15 ml/1 evőkanál szójaszósz*

*100 g/4 uncia bambuszrügy, szeletelve*

*100 g/4 oz vízgesztenye, szeletelve*

*60 ml/4 evőkanál csirke alaplé*

*sót és frissen őrölt borsot*

A csirkemájat összekeverjük a borral vagy a sherryvel, és 30 percig állni hagyjuk. Az olajat felforrósítjuk, és a csirkemájat enyhén barnára sütjük. Adjuk hozzá a pácot, a szójaszószt, a bambuszrügyet, a vizes gesztenyét és az alaplevet. Felforraljuk, és sóval, borssal ízesítjük. Fedjük le és pároljuk körülbelül 10 percig, amíg megpuhul.

*Rántott csirkemáj*

4-et szolgál ki

*450 g/1 font csirkemáj, félbevágva*

*50 g/2 uncia/½ csésze kukoricaliszt (kukoricakeményítő)*

*olaj a rántáshoz*

Verjük meg a csirkemájat, majd szórjuk be kukoricaliszttel, és rázzuk le a felesleget. Felforrósítjuk az olajat, és a csirkemájat néhány perc alatt aranybarnára sütjük és átsütjük. Tálalás előtt konyhai papíron leszűrjük.

*Csirkemáj mangetouttal*

4-et szolgál ki

*225 g/8 oz csirkemáj, vastagon szeletelve*

*10 ml/2 tk kukoricaliszt (kukoricakeményítő)*

*10 ml/2 teáskanál rizsbor vagy száraz sherry*

*15 ml/1 evőkanál szójaszósz*

*45 ml/3 evőkanál földimogyoró-olaj*

*2,5 ml/½ teáskanál só*

*2 szelet gyömbér gyökér, darálva*

*100 g mangetout (hóborsó)*

*10 ml/2 tk kukoricaliszt (kukoricakeményítő)*

*60 ml/4 evőkanál víz*

Helyezze a csirkemájat egy tálba. Hozzáadjuk a kukoricalisztet, a bort vagy a sherryt és a szójaszószt, és jól összeforgatjuk. Az olaj felét felforrósítjuk, és a sót és a gyömbért enyhén barnára pirítjuk. Hozzáadjuk a mangetoutot, és kevergetve addig sütjük, amíg az olaj jól meg nem vonja, majd kivesszük a serpenyőből. A maradék olajat felforrósítjuk, és a csirkemájat 5 perc alatt megpirítjuk. A kukoricalisztet és a vizet pépesre keverjük, belekeverjük a serpenyőbe, és kevergetve addig pároljuk, amíg a szósz kitisztul és besűrűsödik. Tegyük vissza a mangetoutot a serpenyőbe, és pároljuk, amíg át nem melegszik.

*Csirkemáj tésztával palacsintával*

4-et szolgál ki

*30 ml/2 evőkanál földimogyoró-olaj*

*1 hagyma, szeletelve*

*450 g/1 font csirkemáj, félbevágva*

*2 szár zeller, szeletelve*

*120 ml/4 fl uncia/½ csésze csirkealaplé*

*15 ml/1 evőkanál kukoricaliszt (kukoricakeményítő)*

*15 ml/1 evőkanál szójaszósz*

*30 ml/2 evőkanál víz*

*tészta palacsinta*

Az olajat felforrósítjuk, és a hagymát puhára pároljuk. Adjuk hozzá a csirkemájat, és kevergetve pirítsuk színre. Hozzáadjuk a zellert, és kevergetve 1 percig pirítjuk. Adjuk hozzá az alaplevet, forraljuk fel, fedjük le és pároljuk 5 percig. A kukoricalisztet, a szójaszószt és a vizet pépesre keverjük, belekeverjük a serpenyőbe, és kevergetve addig pároljuk, amíg a szósz kitisztul és besűrűsödik. Öntsük a keveréket a tésztás palacsintára, és tálaljuk.

*Csirkemáj osztrigaszósszal*

4-et szolgál ki

*45 ml/3 evőkanál földimogyoró-olaj*

*1 hagyma, apróra vágva*

*225 g/8 oz csirkemáj, félbevágva*

*100 g/4 oz gomba, szeletelve*

*30 ml/2 evőkanál osztrigaszósz*

*15 ml/1 evőkanál szójaszósz*

*15 ml/1 evőkanál rizsbor vagy száraz sherry*

*120 ml/4 fl uncia/½ csésze csirkealaplé*

Az olaj felét felforrósítjuk, és a hagymát puhára pároljuk. Adjuk hozzá a csirkemájat, és pirítsuk színre. Hozzáadjuk a gombát és 2 percig pirítjuk. Keverjük össze az osztrigaszószt, a szójaszószt, a bort vagy a sherryt, az alaplevet és a cukrot, öntsük a serpenyőbe, és keverés közben forraljuk fel. A kukoricalisztet és a vizet pépesre keverjük, hozzáadjuk a serpenyőbe, és addig főzzük, amíg a szósz kitisztul és besűrűsödik, a máj pedig megpuhul.

*Ananászos csirkemáj*

4-et szolgál ki

*225 g/8 oz csirkemáj, félbevágva*

*45 ml/3 evőkanál földimogyoró-olaj*

*30 ml/2 evőkanál szójaszósz*

*15 ml/1 evőkanál kukoricaliszt (kukoricakeményítő)*

*15 ml/1 evőkanál cukor*

*15 ml/1 evőkanál borecet*

*sót és frissen őrölt borsot*

*100 g/4 uncia ananászdarabok*

*60 ml/4 evőkanál csirke alaplé*

A csirkemájat forrásban lévő vízben 30 másodpercig blansírozzuk, majd leszűrjük. Az olajat felforrósítjuk, és kevergetve 30 másodpercig sütjük a csirkemájat. Keverjük össze a szójaszószt, a kukoricalisztet, a cukrot, a borecetet, a sót és a borsot, öntsük a serpenyőbe, és jól keverjük össze, hogy bevonja a csirkemájokat. Adjuk hozzá az ananászdarabkákat és az alaplevet, és kevergetve süssük körülbelül 3 percig, amíg a máj megpuhul.

*Édes-savanyú csirkemáj*

4-et szolgál ki

*30 ml/2 evőkanál földimogyoró-olaj*

*450 g/1 font csirkemáj, negyedelve*

*2 zöldpaprika, kockákra vágva*

*4 szelet ananászkonzerv, kockákra vágva*

*60 ml/4 evőkanál csirke alaplé*

*30 ml/2 evőkanál kukoricaliszt (kukoricakeményítő)*

*10 ml/2 teáskanál szójaszósz*

*100 g/4 oz/½ csésze cukor*

*120 ml/4 fl oz/½ csésze borecet*

*120 ml/4 fl uncia/½ csésze víz*

Az olajat felforrósítjuk, és a májat enyhén barnára sütjük, majd egy felmelegített tálba tesszük. Adjuk hozzá a paprikát a serpenyőbe, és pirítsuk 3 percig. Adjuk hozzá az ananászt és az alaplevet, forraljuk fel, fedjük le és pároljuk 15 percig. A többi hozzávalót pépesre turmixoljuk, a serpenyőbe keverjük, és kevergetve addig pároljuk, amíg a szósz besűrűsödik. Ráöntjük a csirkemájra és tálaljuk.

*Csirke licsivel*

4-et szolgál ki

*3 csirkemell*

*60 ml/4 evőkanál kukoricaliszt (kukoricakeményítő)*

*45 ml/3 evőkanál földimogyoró-olaj*

*5 újhagyma (hagyma), szeletelve*

*1 pirospaprika, kockákra vágva*

*120 ml/4 fl oz/½ csésze paradicsomszósz*

*120 ml/4 fl uncia/½ csésze csirkealaplé*

*5 ml/1 teáskanál cukor*

*275 g/10 uncia hámozott licsi*

Vágja félbe a csirkemelleket, távolítsa el és dobja ki a csontokat és a bőrt. Vágja mindegyik mellet 6 részre. Tartson fenn 5 ml/1 teáskanál kukoricalisztet, és dobja bele a csirkét a maradékba, amíg jól be nem vonódik. Az olajat felforrósítjuk, és a csirkét körülbelül 8 perc alatt aranybarnára sütjük. Adjuk hozzá az újhagymát és a borsot, és kevergetve pirítsuk 1 percig. Keverjük össze a paradicsomszószt, a fele alaplevet és a cukrot, és keverjük a wokban a licsivel. Forraljuk fel, fedjük le és pároljuk körülbelül 10 percig, amíg a csirke megpuhul. Keverje össze a fenntartott kukoricalisztet és az alaplevet, majd keverje bele a serpenyőbe. Pároljuk, kevergetve, amíg a szósz kitisztul és besűrűsödik.

*Csirke licsi szósszal*

4-et szolgál ki

*225 g/8 oz csirke*

*1 újhagyma (hagyma)*

*4 vízi gesztenye*

*30 ml/2 evőkanál kukoricaliszt (kukoricakeményítő)*

*45 ml/3 evőkanál szójaszósz*

*30 ml/2 evőkanál rizsbor vagy száraz sherry*

*2 tojásfehérje*

A csirkét az újhagymával és a vizes gesztenyével aprítsuk fel (daráljuk). Keverje hozzá a kukoricaliszt felét, 30 ml/2 evőkanál szójaszószt, a bort vagy sherryt és a tojásfehérjét. A keverékből diónyi golyókat formázunk. Az olajat felforrósítjuk, és a csirkemellet aranybarnára sütjük. Konyhai papíron leszűrjük.

Közben a licsi szirupot óvatosan felforrósítjuk az alaplével és a szójaszósszal. A maradék kukoricalisztet kevés vízzel elkeverjük, a serpenyőbe keverjük, és kevergetve addig pároljuk, amíg a szósz kitisztul és besűrűsödik. Hozzákeverjük a licsiket, és puhára pároljuk, hogy átmelegedjen. A csirkét egy felmelegített tányérra helyezzük, ráöntjük a licsire és a szósszal, és rögtön tálaljuk.

*Csirke mangetouttal*

4-et szolgál ki

*225 g/8 oz csirke, vékonyra szeletelve*

*5 ml/1 tk kukoricaliszt (kukoricakeményítő)*

*5 ml/1 teáskanál rizsbor vagy száraz sherry*

*5 ml/1 teáskanál szezámolaj*

*1 tojásfehérje enyhén felverve*

*45 ml/3 evőkanál földimogyoró-olaj*

*1 gerezd fokhagyma, összetörve*

*1 szelet gyömbér gyökér, darálva*

*100 g mangetout (hóborsó)*

*120 ml/4 fl uncia/½ csésze csirkealaplé*

*sót és frissen őrölt borsot*

A csirkét összekeverjük a kukoricaliszttel, borral vagy sherryvel, szezámolajjal és tojásfehérjével. Az olaj felét felforrósítjuk, és a fokhagymát és a gyömbért enyhén barnára pirítjuk. Hozzáadjuk a csirkét, és aranybarnára sütjük, majd kivesszük a serpenyőből. A maradék olajat felforrósítjuk, és a mangetoutot 2 percig sütjük. Adjuk hozzá az alaplevet, forraljuk fel, fedjük le és pároljuk 2 percig. Tegyük vissza a csirkét a serpenyőbe, és ízesítsük sóval, borssal. Óvatosan pároljuk, amíg át nem melegszik.

*Csirke mangóval*

4-et szolgál ki

*100 g/4 uncia/1 csésze sima (univerzális) liszt*

*250 ml/8 fl uncia/1 csésze víz*

*2,5 ml/½ teáskanál só*

*csipet sütőpor*

*3 csirkemell*

*olaj a rántáshoz*

*1 szelet gyömbér gyökér, darálva*

*150 ml/¼ pt/bőséges ½ csésze csirkealaplé*

*45 ml/3 evőkanál borecet*

*45 ml/3 evőkanál rizsbor vagy száraz sherry*

*20 ml/4 teáskanál szójaszósz*

*10 ml/2 teáskanál cukor*

*10 ml/2 tk kukoricaliszt (kukoricakeményítő)*

*5 ml/1 teáskanál szezámolaj*

*5 újhagyma (hagyma), szeletelve*

*400 g/11 oz mangókonzerv, lecsepegtetve és csíkokra vágva*

Keverjük össze a lisztet, a vizet, a sót és a sütőport. 15 percig állni hagyjuk. Távolítsa el és dobja ki a bőrt és a csontokat a csirkéből. A csirkét vékony csíkokra vágjuk. Ezeket keverjük a lisztes keverékhez. Felforrósítjuk az olajat, és körülbelül 5 perc alatt aranybarnára sütjük a csirkét. Kivesszük a tepsiből, és konyhai papíron lecsepegtetjük. 15 ml/1 evőkanál olaj kivételével vegye ki az összes olajat a wokból, és kevergetve pirítsa a gyömbért enyhén barnára. Keverje össze az alaplevet a borecettel, borral vagy sherryvel, szójaszósszal, cukorral, kukoricaliszttel és szezámolajjal. Hozzáadjuk a serpenyőbe, és kevergetve felforraljuk. Adjuk hozzá az újhagymát, és pároljuk 3 percig. Hozzáadjuk a csirkét és a mangót, és kevergetve 2 percig pároljuk.



*Csirkével töltött dinnye*

*4-et szolgál ki*

*350 g/12 oz csirkehús*

*6 vízi gesztenye*

*2 héjas tengeri herkentyű*

*4 szelet gyömbér gyökér*

*5 ml/1 teáskanál só*

*15 ml/1 evőkanál szójaszósz*

*600 ml/1 pt/2½ csésze csirkealaplé*

*8 kicsi vagy 4 közepes sárgadinnye*

A csirkét, a gesztenyét, a tengeri herkentyűt és a gyömbért apróra vágjuk, és összekeverjük a sóval, a szójaszósszal és az alaplével. Vágjuk le a dinnyék tetejét, és kanalazzuk ki a magokat. A felső széleket fűrészeljük. A dinnyéket megtöltjük a csirkehús keverékkel, és rácsra tesszük párolóba. Forró víz felett 40 percig pároljuk, amíg a csirke meg nem fő.

*Csirke és gomba rántva*

*4-et szolgál ki*

*45 ml/3 evőkanál földimogyoró-olaj*

*1 gerezd fokhagyma, összetörve*

*1 újhagyma (hagyma), apróra vágva*

*1 szelet gyömbér gyökér, darálva*

*225 g/8 oz csirkemell, szeletekre vágva*

*225 g gomba*

*45 ml/3 evőkanál szójaszósz*

*15 ml/1 evőkanál rizsbor vagy száraz sherry*

*5 ml/1 tk kukoricaliszt (kukoricakeményítő)*

Az olajat felforrósítjuk, és a fokhagymát, az újhagymát és a gyömbért enyhén barnára pirítjuk. Hozzáadjuk a csirkét, és kevergetve 5 percig pirítjuk. Hozzáadjuk a gombát, és kevergetve 3 percig pirítjuk. Adjuk hozzá a szójaszószt, a bort vagy a sherryt és a kukoricalisztet, és kevergetve pirítsuk körülbelül 5 percig, amíg a csirke megpuhul.

*Csirke gombával és földimogyoróval*

4-et szolgál ki

*30 ml/2 evőkanál földimogyoró-olaj*

*2 gerezd fokhagyma, összetörve*

*1 szelet gyömbér gyökér, darálva*

*450 g/1 font csontozott csirke, kockára vágva*

*225 g gomba*

*100 g/4 uncia bambuszrügy, csíkokra vágva*

*1 zöldpaprika, kockára vágva*

*1 pirospaprika, kockára vágva*

*250 ml/8 fl uncia/1 csésze csirkealaplé*

*30 ml/2 evőkanál rizsbor vagy száraz sherry*

*15 ml/1 evőkanál szójaszósz*

*15 ml/1 evőkanál tabasco szósz*

*30 ml/2 evőkanál kukoricaliszt (kukoricakeményítő)*

*30 ml/2 evőkanál víz*

Az olajat, a fokhagymát és a gyömbért addig hevítjük, amíg a fokhagyma enyhén aranybarna nem lesz. Hozzáadjuk a csirkét, és kevergetve addig sütjük, amíg enyhén megpirul. Hozzáadjuk a gombát, a bambuszrügyet és a paprikát, és kevergetve 3 percig pirítjuk. Hozzáadjuk az alaplevet, a bort vagy a sherryt, a szójaszószt és a tabasco szószt, és kevergetve felforraljuk. Fedjük le és pároljuk körülbelül 10 percig, amíg a csirke teljesen meg nem fő. Keverjük össze a kukoricalisztet és a vizet, majd keverjük a szószhoz. Pároljuk, kevergetve, amíg a szósz kitisztul és besűrűsödik, ha a szósz túl sűrű, adjunk hozzá még egy kis alaplét vagy vizet.

*Rántott csirke gombával*

4-et szolgál ki

*6 szárított kínai gomba*

*1 csirkemell, vékonyra szeletelve*

*1 szelet gyömbér gyökér, darálva*

*2 újhagyma (hagyma), felaprítva*

*15 ml/1 evőkanál kukoricaliszt (kukoricakeményítő)*

*15 ml/1 evőkanál rizsbor vagy száraz sherry*

*30 ml/2 evőkanál víz*

*2,5 ml/½ teáskanál só*

*45 ml/3 evőkanál földimogyoró-olaj*

*225 g/8 uncia gomba, szeletelve*

*100 g/4 oz babcsíra*

*15 ml/1 evőkanál szójaszósz*

*5 ml/1 teáskanál cukor*

*120 ml/4 fl uncia/½ csésze csirkealaplé*

A gombát 30 percre meleg vízbe áztatjuk, majd leszűrjük. Dobja el a szárakat, és szeletelje fel a kupakokat. Helyezze a csirkét egy tálba. A gyömbért, az újhagymát, a kukoricalisztet, a bort vagy a sherryt, a vizet és a sót összekeverjük, a csirkehúshoz keverjük, és 1 órát állni hagyjuk. Az olaj felét felforrósítjuk, és kevergetve süssük enyhén barnára a csirkét, majd vegyük ki a serpenyőből. A maradék olajat felforrósítjuk és kevergetve 3 percig pirítjuk a szárított és friss gombát és a babcsírát. Adjuk hozzá a szójaszószt, a cukrot és az alaplevet, forraljuk fel, fedjük le és pároljuk 4 percig, amíg a zöldségek megpuhulnak. Tegye vissza a csirkét a serpenyőbe, jól keverje össze, és tálalás előtt melegítse fel finoman.



*Párolt csirke gombával*

4-et szolgál ki

*4 darab csirke*

*30 ml/2 evőkanál kukoricaliszt (kukoricakeményítő)*

*30 ml/2 evőkanál szójaszósz*

*3 újhagyma (hagyma), apróra vágva*

*2 szelet gyömbér gyökér, apróra vágva*

*2,5 ml/½ teáskanál só*

*100 g/4 oz gomba, szeletelve*

A csirkedarabokat 5 cm/2-es kockákra vágjuk, és tűzálló tálba tesszük. A kukoricalisztet és a szójaszószt pépesre keverjük, beleforgatjuk az újhagymát, a gyömbért és a sót, majd jól összekeverjük a csirkehússal. Óvatosan keverjük hozzá a gombát. Helyezze a tálat egy párolórácsra, fedje le, és forrásban lévő víz felett párolja körülbelül 35 percig, amíg a csirke megpuhul.

*Csirke hagymával*

4-et szolgál ki

*60 ml/4 evőkanál földimogyoró-olaj*

*2 hagyma, apróra vágva*

*450 g/1 font csirke, szeletelve*

*30 ml/2 evőkanál rizsbor vagy száraz sherry*

*250 ml/8 fl uncia/1 csésze csirkealaplé*

*45 ml/3 evőkanál szójaszósz*

*30 ml/2 evőkanál kukoricaliszt (kukoricakeményítő)*

*45 ml/3 evőkanál víz*

Az olajat felforrósítjuk, és a hagymát enyhén megpirítjuk. Hozzáadjuk a csirkét, és enyhén barnára sütjük. Adjuk hozzá a bort vagy a sherryt, az alaplevet és a szójaszószt, forraljuk fel, fedjük le és pároljuk 25 percig, amíg a csirke megpuhul. A kukoricalisztet és a vizet pépesre keverjük, belekeverjük a serpenyőbe, és kevergetve addig pároljuk, amíg a szósz kitisztul és besűrűsödik.

*Narancssárga és citromos csirke*

4-et szolgál ki

*350 g/1 font csirkehús, csíkokra vágva*

*30 ml/2 evőkanál földimogyoró-olaj*

*2 gerezd fokhagyma, összetörve*

*2 szelet gyömbér gyökér, darálva*

*fél narancs reszelt héja*

*fél citrom reszelt héja*

*45 ml/3 evőkanál narancslé*

*45 ml/3 evőkanál citromlé*

*15 ml/1 evőkanál szójaszósz*

*3 újhagyma (hagyma), apróra vágva*

*15 ml/1 evőkanál kukoricaliszt (kukoricakeményítő)*

*45 ml/1 evőkanál víz*

A csirkét forrásban lévő vízben 30 másodpercig blansírozzuk, majd leszűrjük. Felforrósítjuk az olajat, és kevergetve pirítjuk a fokhagymát és a gyömbért 30 másodpercig. Adjuk hozzá a narancs és citrom héját és levét, szójaszószt és újhagymát, és kevergetve pirítsuk 2 percig. Hozzáadjuk a csirkét, és pár percig pároljuk, amíg a csirke megpuhul. A kukoricalisztet és a vizet pépesre keverjük, a serpenyőbe keverjük, és kevergetve addig pároljuk, amíg a szósz besűrűsödik.

*Csirke osztriga szósszal*

4-et szolgál ki

*30 ml/2 evőkanál földimogyoró-olaj*

*1 gerezd fokhagyma, összetörve*

*1 szelet gyömbér, finomra vágva*

*450 g/1 font csirke, szeletelve*

*250 ml/8 fl uncia/1 csésze csirkealaplé*

*30 ml/2 evőkanál osztrigaszósz*

*15 ml/1 evőkanál rizsbor vagy sherry*

*5 ml/1 teáskanál cukor*

Az olajat a fokhagymával és a gyömbérrel felforrósítjuk, és enyhén barnára sütjük. Hozzáadjuk a csirkét, és kevergetve körülbelül 3 percig sütjük, amíg enyhén megpirul. Adjuk hozzá az alaplevet, az osztrigaszószt, a bort vagy a sherryt és a cukrot, forraljuk fel, kevergetve, majd fedjük le és pároljuk körülbelül 15 percig, időnként megkeverve, amíg a csirke megpuhul. Vegyük le a fedőt, és keverés közben főzzük tovább körülbelül 4 percig, amíg a szósz lecsökken és besűrűsödik.

*Csirkecsomagok*

4-et szolgál ki

*225 g/8 oz csirke*

*30 ml/2 evőkanál rizsbor vagy száraz sherry*

*30 ml/2 evőkanál szójaszósz*

*viaszpapír vagy sütőpapír*

*30 ml/2 evőkanál földimogyoró-olaj*

*olaj a rántáshoz*

A csirkemellet 5 cm/2-es kockákra vágjuk. Keverjük össze a bort vagy a sherryt és a szójaszószt, öntsük a csirkére, és jól keverjük össze. Lefedjük, és időnként megkeverve 1 órát állni hagyjuk. A papírt 10 cm/4-es négyzetekre vágjuk, és megkenjük olajjal. A csirkét jól lecsepegtetjük. Helyezzen egy darab papírt a munkafelületre úgy, hogy az egyik sarka Ön felé mutasson. Helyezzen egy darab csirkét a közepe alatti négyzetre, hajtsa fel az alsó sarkot, majd hajtsa fel újra, hogy beburkolja a csirkét. Hajtsa be az oldalakat, majd hajtsa le a felső sarkot, hogy rögzítse a csomagot. Felforrósítjuk az olajat, és a csirkedarabokat körülbelül 5 percig sütjük, amíg megpuhulnak. Forrón tálaljuk a csomagokban, hogy a vendégek kinyíljanak.

*Csirke földimogyoróval*

4-et szolgál ki

*225 g/8 oz csirke, vékonyra szeletelve*

*1 tojásfehérje enyhén felverve*

*10 ml/2 tk kukoricaliszt (kukoricakeményítő)*

*45 ml/3 evőkanál földimogyoró-olaj*

*1 gerezd fokhagyma, összetörve*

*1 szelet gyömbér gyökér, darálva*

*2 póréhagyma, apróra vágva*

*30 ml/2 evőkanál szójaszósz*

*15 ml/1 evőkanál rizsbor vagy száraz sherry*

*100 g/4 oz pörkölt földimogyoró*

A csirkét a tojásfehérjével és a kukoricaliszttel jól bevonatig keverjük. Az olaj felét felforrósítjuk, és a csirkét aranybarnára sütjük, majd kivesszük a serpenyőből. A maradék olajat felforrósítjuk, és a fokhagymát és a gyömbért megpuhulásig megpirítjuk. Adjuk hozzá a póréhagymát, és pirítsuk enyhén barnára. Keverje hozzá a szójaszószt és a bort vagy a sherryt, és párolja 3 percig. Tegyük vissza a csirkét a serpenyőbe a földimogyoróval, és lassú tűzön pároljuk, amíg át nem melegszik.

*Csirke mogyoróvajjal*

4-et szolgál ki

*4 csirkemell, felkockázva*

*sót és frissen őrölt borsot*

*5 ml/1 teáskanál ötfűszeres por*

*45 ml/3 evőkanál földimogyoró-olaj*

*1 hagyma, felkockázva*

*2 sárgarépa, kockára vágva*

*1 rúd zeller, felkockázva*

*300 ml/½ pt/1¼ csésze csirkealaplé*

*10 ml/2 tk paradicsompüré (tészta)*

*100 g/4 uncia mogyoróvaj*

*15 ml/1 evőkanál szójaszósz*

*10 ml/2 tk kukoricaliszt (kukoricakeményítő)*

*csipet barna cukor*

*15 ml/1 evőkanál apróra vágott metélőhagyma*

Ízesítsük a csirkét sóval, borssal és ötfűszerporral. Felforrósítjuk az olajat, és kevergetve puhára sütjük a csirkét. Vegye ki a serpenyőből. Hozzáadjuk a zöldségeket, és puhára, de még ropogósra sütjük. Az alaplevet a metélőhagyma kivételével összekeverjük a többi hozzávalóval, beleforgatjuk a serpenyőbe, és felforraljuk. Tegye vissza a csirkét a serpenyőbe, és keverje fel újra. Cukorral megszórva tálaljuk.


*Csirke borsóval*

*4-et szolgál ki*

*60 ml/4 evőkanál földimogyoró-olaj*

*1 hagyma, apróra vágva*

*450 g/1 font csirke, kockára vágva*

*sót és frissen őrölt borsot*

*100 g/4 oz borsó*

*2 szár zeller, apróra vágva*

*100 g/4 oz gomba, apróra vágva*

*250 ml/8 fl uncia/1 csésze csirkealaplé*

*15 ml/1 evőkanál kukoricaliszt (kukoricakeményítő)*

*15 ml/1 evőkanál szójaszósz*

*60 ml/4 evőkanál víz*

Az olajat felforrósítjuk, és a hagymát enyhén megpirítjuk. Adjuk hozzá a csirkét, és pirítsuk színre. Sózzuk, borsozzuk, hozzáadjuk a borsót, a zellert és a gombát, és jól összedolgozzuk. Adjuk hozzá az alaplevet, forraljuk fel, fedjük le és pároljuk 15 percig. A kukoricalisztet, a szójaszószt és a vizet pépesre keverjük, belekeverjük a serpenyőbe, és kevergetve addig pároljuk, amíg a szósz kitisztul és besűrűsödik.

*Pekingi csirke*

4-et szolgál ki

*4 adag csirke*

*sót és frissen őrölt borsot*

*5 ml/1 teáskanál cukor*

*1 újhagyma (hagyma), apróra vágva*

*1 szelet gyömbér gyökér, darálva*

*15 ml/1 evőkanál szójaszósz*

*15 ml/1 evőkanál rizsbor vagy száraz sherry*

*15 ml/1 evőkanál kukoricaliszt (kukoricakeményítő)*

*olaj a rántáshoz*

Helyezze a csirkedarabokat egy sekély tálba, és szórja meg sóval és borssal. A cukrot, az újhagymát, a gyömbért, a szójaszószt és a bort vagy sherryt összekeverjük, a csirkehúsba dörzsöljük, letakarva 3 órán át pácoljuk. A csirkemellet leszűrjük, és kukoricaliszttel megszórjuk. Felforrósítjuk az olajat, és a csirkemellet aranybarnára sütjük és átsütjük. Tálalás előtt jól lecsepegtetjük.

*Csirke paprikával*

4-et szolgál ki

*60 ml/4 evőkanál szójaszósz*

*45 ml/3 evőkanál rizsbor vagy száraz sherry*

*45 ml/3 evőkanál kukoricaliszt (kukoricakeményítő)*

*450 g/1 font csirke, darált (őrölt)*

*60 ml/4 evőkanál földimogyoró-olaj*

*2,5 ml/½ teáskanál só*

*2 gerezd fokhagyma, összetörve*

*2 piros paprika, kockára vágva*

*1 zöldpaprika, kockára vágva*

*5 ml/1 teáskanál cukor*

*300 ml/½ pt/1¼ csésze csirkealaplé*

Keverje össze a szójaszósz felét, a bor vagy sherry felét és a kukoricaliszt felét. Öntsük a csirkére, jól keverjük össze, és hagyjuk pácolódni legalább 1 órát. Az olaj felét a sóval és a fokhagymával addig hevítjük, amíg a fokhagyma enyhén megpirul. Adjuk hozzá a csirkét és a pácot, és kevergetve süssük körülbelül 4 percig, amíg a csirke kifehéredik, majd vegyük ki a serpenyőből. A maradék olajat a serpenyőbe öntjük, és kevergetve 2 percig pirítjuk a paprikát. Adjuk hozzá a cukrot a serpenyőbe a maradék szójaszósszal, borral vagy sherryvel és kukoricaliszttel, és jól keverjük össze. Adjuk hozzá az alaplevet, forraljuk fel, majd kevergetve pároljuk addig, amíg a szósz besűrűsödik. Tegyük vissza a csirkét a serpenyőbe, fedjük le és pároljuk 4 percig, amíg a csirke megpuhul.

*Rántott csirke paprikával*

4-et szolgál ki

*1 csirkemell, vékonyra szeletelve*

*2 szelet gyömbér gyökér, darálva*

*2 újhagyma (hagyma), felaprítva*

*15 ml/1 evőkanál kukoricaliszt (kukoricakeményítő)*

*30 ml/2 evőkanál rizsbor vagy száraz sherry*

*30 ml/2 evőkanál víz*

*2,5 ml/½ teáskanál só*

*45 ml/3 evőkanál földimogyoró-olaj*

*100 g/4 oz vízgesztenye, szeletelve*

*1 pirospaprika csíkokra vágva*

*1 zöldpaprika, csíkokra vágva*

*1 sárga paprika csíkokra vágva*

*30 ml/2 evőkanál szójaszósz*

*120 ml/4 fl uncia/½ csésze csirkealaplé*

Helyezze a csirkét egy tálba. A gyömbért, az újhagymát, a kukoricalisztet, a bort vagy a sherryt, a vizet és a sót összekeverjük, a csirkehúshoz keverjük, és 1 órát állni hagyjuk. Az olaj felét felforrósítjuk, és kevergetve süssük enyhén barnára a csirkét, majd vegyük ki a serpenyőből. A maradék olajat felforrósítjuk, és kevergetve 2 percig pirítjuk a vízigesztenyét és a paprikát. Adjuk hozzá a szójaszószt és az alaplevet, forraljuk fel, fedjük le és pároljuk 5 percig, amíg a zöldségek megpuhulnak. Tegye vissza a csirkét a serpenyőbe, jól keverje össze, és tálalás előtt melegítse fel finoman.

*Csirke és ananász*

4-et szolgál ki

*30 ml/2 evőkanál földimogyoró-olaj*

*5 ml/1 teáskanál só*

*2 gerezd fokhagyma, összetörve*

*450 g csontozott csirke vékonyra szeletelve*

*2 hagyma, szeletelve*

*100 g/4 oz vízgesztenye, szeletelve*

*100 g/4 uncia ananászdarabok*

*30 ml/2 evőkanál rizsbor vagy száraz sherry*

*450 ml/¾ pt/2 csésze csirkealaplé*

*5 ml/1 teáskanál cukor*

*frissen őrölt bors*

*30 ml/2 evőkanál ananászlé*

*30 ml/2 evőkanál szójaszósz*

*30 ml/2 evőkanál kukoricaliszt (kukoricakeményítő)*

Az olajat, a sót és a fokhagymát addig hevítjük, amíg a
fokhagyma világos aranybarna nem lesz. Hozzáadjuk a csirkét, és
kevergetve 2 percig pirítjuk. Hozzáadjuk a hagymát, a vizes
gesztenyét és az ananászt, és kevergetve 2 percig pirítjuk. Adjuk
hozzá a bort vagy a sherryt, az alaplevet és a cukrot, majd
borsozzuk. Forraljuk fel, fedjük le és pároljuk 5 percig. Keverjük

össze az ananászlevet, a szójaszószt és a kukoricalisztet.
Keverjük bele a serpenyőbe, és addig pároljuk, amíg a szósz
besűrűsödik és kitisztul.



*Csirke ananásszal és licsivel*

4-et szolgál ki

*30 ml/2 evőkanál földimogyoró-olaj*

*225 g/8 oz csirke, vékonyra szeletelve*

*1 szelet gyömbér gyökér, darálva*

*15 ml/1 evőkanál szójaszósz*

*15 ml/1 evőkanál rizsbor vagy száraz sherry*

*200 g/7 uncia konzerv ananászdarabok szirupban*

*200 g/7 uncia konzerv licsi szirupban*

*15 ml/1 evőkanál kukoricaliszt (kukoricakeményítő)*

Az olajat felforrósítjuk, és a csirkemellet világos színig sütjük.
Adjuk hozzá a szójaszószt és a bort vagy a sherryt, és jól
keverjük össze. Mérjünk ki 250 ml/8 fl oz/1 csésze kevert
ananász- és licsiszirupot, és tartalékoljunk 30 ml/2 evőkanálnyi
mennyiséget. A többit beletesszük a serpenyőbe, felforraljuk, és
pár percig pároljuk, amíg a csirke megpuhul. Hozzáadjuk az
ananászdarabkákat és a licsiket. Keverjük össze a kukoricalisztet
a fenntartott sziruppal, keverjük a serpenyőbe, és kevergetve
pároljuk addig, amíg a szósz kitisztul és besűrűsödik.

*Csirke sertéshússal*

4-et szolgál ki

*1 csirkemell, vékonyra szeletelve*

*100 g/4 uncia sovány sertéshús, vékonyra szeletelve*

*60 ml/4 evőkanál szójaszósz*

*15 ml/1 evőkanál kukoricaliszt (kukoricakeményítő)*

*1 tojás fehérje*

*45 ml/3 evőkanál földimogyoró-olaj*

*3 szelet gyömbérgyökér, apróra vágva*

*50 g/2 uncia bambuszrügy, szeletelve*

*225 g/8 uncia gomba, szeletelve*

*225 g/8 uncia kínai levelek, aprítva*

*120 ml/4 fl uncia/½ csésze csirkealaplé*

*30 ml/2 evőkanál víz*

Keverjük össze a csirkét és a sertéshúst. Keverjük össze a szójaszószt, 5 ml/1 tk kukoricalisztet és a tojásfehérjét, majd keverjük a csirkehúshoz és a sertéshúshoz. 30 percig állni hagyjuk. Az olaj felét felforrósítjuk és a csirkét és a sertéshúst enyhén barnára sütjük, majd kivesszük a serpenyőből. A maradék olajat felforrósítjuk, és a gyömbért, a bambuszrügyet, a gombát és a kínai leveleket addig sütjük, amíg az olajon jól be nem vonódik. Adjuk hozzá az alaplevet és forraljuk fel. Tegye vissza a csirkemeveréket a serpenyőbe, fedje le és párolja körülbelül 3 percig, amíg a hús megpuhul. A maradék kukoricalisztet keverjük pépesre a vízzel, keverjük bele a szószba, és kevergetve pároljuk addig, amíg a szósz besűrűsödik. Egyszerre tálaljuk.



*Párolt csirke burgonyával*

4-et szolgál ki

*4 darab csirke*

*45 ml/3 evőkanál földimogyoró-olaj*

*1 hagyma, szeletelve*

*1 gerezd fokhagyma, összetörve*

*2 szelet gyömbér gyökér, darálva*

*450 ml/¾ pt/2 csésze víz*

*45 ml/3 evőkanál szójaszósz*

*15 ml/1 evőkanál barna cukor*

*2 burgonya, felkockázva*

A csirkemellet 5 cm/2-es darabokra vágjuk. Az olajat felforrósítjuk, és a hagymát, a fokhagymát és a gyömbért enyhén barnára pirítjuk. Hozzáadjuk a csirkét, és enyhén barnára sütjük. Adjuk hozzá a vizet és a szójaszószt, majd forraljuk fel. Keverjük hozzá a cukrot, fedjük le és pároljuk körülbelül 30 percig. Tegye a burgonyát a serpenyőbe, fedje le és párolja további 10 percig, amíg a csirke megpuhul és a burgonya meg nem fő.

*Ötfűszeres csirke burgonyával*

4-et szolgál ki

*45 ml/3 evőkanál földimogyoró-olaj*

*450 g/1 font csirke, kockákra vágva*

*só*

*45 ml/3 evőkanál sárgababmassza*

*45 ml/3 evőkanál szójaszósz*

*5 ml/1 teáskanál cukor*

*5 ml/1 teáskanál ötfűszeres por*

*1 burgonya, kockára vágva*

*450 ml/¾ pt/2 csésze csirkealaplé*

Felforrósítjuk az olajat, és kevergetve sütjük a csirkét enyhén barnára. Megszórjuk sóval, majd hozzákeverjük a babpasztát, a szójaszószt, a cukrot és az ötfűszeres port, és kevergetve 1 percig pirítjuk. Adjuk hozzá a burgonyát, és keverjük hozzá jól, majd öntsük hozzá az alaplevet, forraljuk fel, fedjük le és pároljuk körülbelül 30 percig, amíg megpuhul.

4-et szolgál ki

*450 g/1 font csirke, szeletelve*

*120 ml/4 fl oz/½ csésze szójaszósz*

*15 ml/1 evőkanál cukor*

*2 szelet gyömbérgyökér, finomra vágva*

*90 ml/6 evőkanál csirke alaplé*

*30 ml/2 evőkanál rizsbor vagy száraz sherry*

*4 újhagyma (hagyma), szeletelve*

Tegye az összes hozzávalót egy serpenyőbe, és forralja fel. Fedjük le és pároljuk körülbelül 15 percig, amíg a csirke megpuhul. Vegyük le a fedőt, és főzzük tovább körülbelül 5 percig, időnként megkeverve, amíg a szósz besűrűsödik. Újhagymával megszórva tálaljuk.

*Csirke Rissoles*

4-et szolgál ki

*225 g/8 oz csirkehús, darált (őrölt)*

*3 vízi gesztenye, darálva*

*1 újhagyma (hagyma), apróra vágva*

*1 szelet gyömbér gyökér, darálva*

*2 tojásfehérje*

*5 ml/2 teáskanál só*

*5 ml/1 teáskanál frissen őrölt bors*

*120 ml/4 fl oz/½ csésze földimogyoró-olaj*

*5 ml/1 tk apróra vágott sonka*

Keverjük össze a csirkét, a gesztenyét, az újhagyma felét, a gyömbért, a tojásfehérjét, a sót és a borsot. Kis golyókat formázunk és laposra nyomkodjuk. Felforrósítjuk az olajat, és egyszer megforgatva süssük aranybarnára a rizst. A maradék újhagymával és a sonkával megszórva tálaljuk.

*Sós csirke*

4-et szolgál ki

*30 ml/2 evőkanál földimogyoró-olaj*

*4 darab csirke*

*3 újhagyma (hagyma), apróra vágva*

*2 gerezd fokhagyma, összetörve*

*1 szelet gyömbérgyökér, apróra vágva*

*120 ml/4 fl oz/½ csésze szójaszósz*

*30 ml/2 evőkanál rizsbor vagy száraz sherry*

*30 ml/2 evőkanál barna cukor*

*5 ml/1 teáskanál só*

*375 ml/13 fl uncia/1½ csésze víz*

*15 ml/1 evőkanál kukoricaliszt (kukoricakeményítő)*

Az olajat felforrósítjuk, és a csirkedarabokat aranybarnára sütjük. Hozzáadjuk az újhagymát, a fokhagymát és a gyömbért, és 2 percig pirítjuk. Adjuk hozzá a szójaszószt, a bort vagy a sherryt, a cukrot és a sót, és jól keverjük össze. Adjuk hozzá a vizet, forraljuk fel, fedjük le és pároljuk 40 percig. A kukoricalisztet kevés vízzel elkeverjük, a szószhoz keverjük, és kevergetve addig pároljuk, amíg a szósz kitisztul és besűrűsödik.

*Csirke szezámolajban*

4-et szolgál ki

*90 ml/6 evőkanál földimogyoró-olaj*

*60 ml/4 evőkanál szezámolaj*

*5 szelet gyömbér gyökér*

*4 darab csirke*

*600 ml/1 pt/2½ csésze rizsbor vagy száraz sherry*

*5 ml/1 teáskanál cukor*

*sót és frissen őrölt borsot*

Az olajokat felforrósítjuk, és a gyömbért és a csirkét enyhén barnára sütjük. Adjuk hozzá a bort vagy a sherryt, és ízesítsük cukorral, sóval és borssal. Forraljuk fel, és óvatosan, fedő nélkül pároljuk, amíg a csirke megpuhul, és a szósz megpuhul. Tálkákba tálaljuk.

4-et szolgál ki

*30 ml/2 evőkanál földimogyoró-olaj*

*4 darab csirke*

*120 ml/4 fl oz/½ csésze szójaszósz*

*500 ml/17 fl uncia/2¼ csésze rizsbor vagy száraz sherry*

*30 ml/2 evőkanál cukor*

*5 ml/1 teáskanál só*

*2 gerezd fokhagyma, összetörve*

*1 szelet gyömbérgyökér, apróra vágva*

Az olajat felforrósítjuk, és a csirkemellet minden oldalról barnára sütjük. Leöntjük a felesleges olajat, és hozzáadjuk az összes többi hozzávalót. Forraljuk fel, fedjük le, és nagy lángon pároljuk 25 percig. Csökkentse a hőt, és párolja további 15 percig, amíg a csirke megpuhul, és a szósz el nem fogy.

*Csirke szójaszósszal*

4-et szolgál ki

*350 g/12 uncia csirke, kockára vágva*

*2 újhagyma (hagyma), apróra vágva*

*3 szelet gyömbér gyökér, darálva*

*15 ml/1 evőkanál kukoricaliszt (kukoricakeményítő)*

*30 ml/2 evőkanál rizsbor vagy száraz sherry*

*30 ml/2 evőkanál víz*

*45 ml/3 evőkanál földimogyoró-olaj*

*60 ml/4 evőkanál sűrű szójaszósz*

*5 ml/1 teáskanál cukor*

Keverje össze a csirkét, az újhagymát, a gyömbért, a kukoricalisztet, a bort vagy a sherryt és a vizet, és hagyja állni 30 percig, időnként megkeverve. Felforrósítjuk az olajat, és kevergetve süssük a csirkét körülbelül 3 percig, amíg enyhén megpirul. Adjuk hozzá a szójaszószt és a cukrot, és kevergetve süssük körülbelül 1 percig, amíg a csirke megpuhul és megpuhul.

*Fűszeres sült csirke*

4-et szolgál ki

*150 ml/¼ pt/bőséges ½ csésze szójaszósz*

*2 gerezd fokhagyma, összetörve*

*50 g/2 uncia/¼ csésze barna cukor*

*1 hagyma, finomra vágva*

*30 ml/2 evőkanál paradicsompüré (tészta)*

*1 szelet citrom, apróra vágva*

*1 szelet gyömbér gyökér, darálva*

*45 ml/3 evőkanál rizsbor vagy száraz sherry*

*4 nagy csirkedarab*

Keverjük össze az összes hozzávalót, kivéve a csirkét. Tedd a csirkét egy tűzálló edénybe, öntsd rá a keveréket, fedd le, és pácolod egy éjszakán át, időnként meglocsolgatva. A csirkét 180°C-ra előmelegített sütőben 40 percig sütjük, időnként megforgatva és megpörkölve. Vegye le a fedőt, emelje fel a sütő hőmérsékletét 200°C/400°F/6-os gázjelzésre, és süsse tovább további 15 percig, amíg a csirke meg nem sül.

*Csirke spenóttal*

4-et szolgál ki

*100 g/4 oz csirke, darált*

*15 ml/1 evőkanál sonkassír, darálva*

*175 ml/6 fl uncia/¾ csésze csirkealaplé*

*3 tojásfehérje, enyhén felverve*

*só*

*5 ml/1 teáskanál víz*

*450 g/1 font spenót, apróra vágva*

*5 ml/1 tk kukoricaliszt (kukoricakeményítő)*

*45 ml/3 evőkanál földimogyoró-olaj*

Keverje össze a csirkét, a sonkassírt, 150 ml/¼ pt/bőséges ½ csésze csirkelevet, a tojásfehérjét, 5 ml/1 teáskanál sót és a vizet. A spenótot összekeverjük a maradék alaplével, egy csipet sóval és a kevés vízzel elkevert kukoricaliszttel. Melegítsük fel az olaj felét, adjuk hozzá a spenótos keveréket a serpenyőbe, és lassú tűzön keverjük folyamatosan, amíg át nem melegszik. Tegyük át egy felmelegített tálra, és tartsuk melegen. A maradék olajat felforrósítjuk, és a csirkemeverékből kanalakkal fehéredésig sütjük. A spenót tetejére helyezzük, és egyben tálaljuk.

*Csirke tavaszi tekercs*

*4-et szolgál ki*

*15 ml/1 evőkanál földimogyoró-olaj*

*csipet só*

*1 gerezd fokhagyma, összetörve*

*225 g/8 uncia csirke, csíkokra vágva*

*100 g/4 oz gomba, szeletelve*

*175 g/6 uncia káposzta, aprítva*

*100 g/4 uncia bambuszrügy, aprítva*

*50 g/2 oz vízgesztenye, aprítva*

*100 g/4 oz babcsíra*

*5 ml/1 teáskanál cukor*

*5 ml/1 teáskanál rizsbor vagy száraz sherry*

*5 ml/1 teáskanál szójaszósz*

*8 tavaszi tekercs bőr*

*olaj a rántáshoz*

Az olajat, a sót és a fokhagymát felforrósítjuk, és óvatosan pirítjuk, amíg a fokhagyma el nem kezd aranyszínűvé válni. Adjuk hozzá a csirkét és a gombát, és kevergetve pirítsuk néhány percig, amíg a csirke fehéredik. Hozzáadjuk a káposztát, a bambuszrügyet, a vizes gesztenyét és a babcsírát, és kevergetve 3 percig pirítjuk. Adjuk hozzá a cukrot, a bort vagy a sherryt és a szójaszószt, jól keverjük össze, fedjük le, és kevergetve pirítsuk utolsó 2 percig. Tedd szűrőedénybe, és hagyd lecsepegni.

Tegyünk néhány kanál töltelékkeveréket minden rugótekercs bőrének közepére, hajtsuk fel az alját, hajtsuk be az oldalakat, majd tekerjük felfelé, körbezárva a tölteléket. Zárja le a szélét egy kevés liszt és víz keverékével, majd hagyja száradni 30 percig. Melegítsük fel az olajat, és süssük a tavaszi tekercseket körülbelül 10 percig, amíg ropogós és aranybarna nem lesz. Tálalás előtt jól lecsepegtetjük.

*Egyszerű csirke sütni*

4-et szolgál ki

*1 csirkemell, vékonyra szeletelve*

*2 szelet gyömbér gyökér, darálva*

*2 újhagyma (hagyma), felaprítva*

*15 ml/1 evőkanál kukoricaliszt (kukoricakeményítő)*

*15 ml/1 evőkanál rizsbor vagy száraz sherry*

*30 ml/2 evőkanál víz*

*2,5 ml/½ teáskanál só*

*45 ml/3 evőkanál földimogyoró-olaj*

*100 g/4 uncia bambuszrügy, szeletelve*

*100 g/4 oz gomba, szeletelve*

*100 g/4 oz babcsíra*

*15 ml/1 evőkanál szójaszósz*

*5 ml/1 teáskanál cukor*

*120 ml/4 fl uncia/½ csésze csirkealaplé*

Helyezze a csirkét egy tálba. A gyömbért, az újhagymát, a kukoricalisztet, a bort vagy a sherryt, a vizet és a sót összekeverjük, a csirkehúshoz keverjük, és 1 órát állni hagyjuk. Az olaj felét felforrósítjuk, és kevergetve süssük enyhén barnára a csirkét, majd vegyük ki a serpenyőből. A maradék olajat felforrósítjuk, és kevergetve 4 percig pirítjuk a bambuszrügyet, a

gombát és a babcsírát. Adjuk hozzá a szójaszószt, a cukrot és az
alaplevet, forraljuk fel, fedjük le és pároljuk 5 percig, amíg a
zöldségek megpuhulnak. Tegye vissza a csirkét a serpenyőbe, jól
keverje össze, és tálalás előtt melegítse fel finoman.



*4-et szolgál ki*

*30 ml/2 evőkanál földimogyoró-olaj*

*5 ml/1 teáskanál só*

*2 gerezd fokhagyma, összetörve*

*450 g/1 font csirke, kockára vágva*

*300 ml/½ pt/1¼ csésze csirkealaplé*

*120 ml/4 fl oz/½ csésze paradicsomos ketchup (catsup)*

*15 ml/1 evőkanál kukoricaliszt (kukoricakeményítő)*

*4 újhagyma (hagyma), szeletelve*

Az olajat a sóval és a fokhagymával addig hevítjük, amíg a
fokhagyma enyhén aranybarna nem lesz. Hozzáadjuk a csirkét, és
kevergetve enyhén barnára sütjük. Adjuk hozzá az alaplé nagy
részét, forraljuk fel, fedjük le és pároljuk körülbelül 15 percig,
amíg a csirke megpuhul. A maradék alaplevet elkeverjük a
ketchuppal és a kukoricaliszttel, majd beleforgatjuk a
serpenyőbe. Pároljuk, kevergetve, amíg a szósz besűrűsödik és
kitisztul. Ha túl híg a szósz, hagyjuk párolni egy ideig, amíg

megpuhul. Adjuk hozzá az újhagymát, és tálalás előtt pároljuk 2 percig.



4-et szolgál ki

*225 g/8 uncia csirke, kockára vágva*

*15 ml/1 evőkanál kukoricaliszt (kukoricakeményítő)*

*15 ml/1 evőkanál szójaszósz*

*15 ml/1 evőkanál rizsbor vagy száraz sherry*

*45 ml/3 evőkanál földimogyoró-olaj*

*1 hagyma, felkockázva*

*60 ml/4 evőkanál csirke alaplé*

*5 ml/1 teáskanál só*

*5 ml/1 teáskanál cukor*

*2 paradicsom meghámozva és felkockázva*

Keverje össze a csirkét a kukoricaliszttel, a szójaszósszal és a borral vagy sherryvel, és hagyja állni 30 percig. Az olajat felforrósítjuk, és a csirkemellet világos színig sütjük. Adjuk hozzá a hagymát, és kevergetve pirítsuk, amíg megpuhul. Adjuk hozzá az alaplevet, a sót és a cukrot, forraljuk fel, és lassú tűzön óvatosan keverjük, amíg a csirke megpuhul. Hozzáadjuk a paradicsomot, és addig keverjük, amíg át nem melegszik.

*Buggyantott csirke paradicsommal*

4-et szolgál ki

*4 adag csirke*

*4 paradicsom meghámozva és negyedelve*

*15 ml/1 evőkanál rizsbor vagy száraz sherry*

*15 ml/1 evőkanál földimogyoró-olaj*

*só*

Helyezze a csirkét egy serpenyőbe, és fedje le hideg vízzel. Forraljuk fel, fedjük le és pároljuk 20 percig. Adjuk hozzá a paradicsomot, a bort vagy a sherryt, az olajat és a sót, fedjük le, és pároljuk további 10 percig, amíg a csirke megpuhul. A csirkét egy felmelegített tálra helyezzük, és tálaló darabokra vágjuk. A szószt felmelegítjük, és a csirkére öntjük tálaláshoz.

*Csirke és paradicsom fekete babmártással*

4-et szolgál ki

*45 ml/3 evőkanál földimogyoró-olaj*

*1 gerezd fokhagyma, összetörve*

*45 ml/3 evőkanál feketebab szósz*

*225 g/8 uncia csirke, kockára vágva*

*15 ml/1 evőkanál rizsbor vagy száraz sherry*

*5 ml/1 teáskanál cukor*

*15 ml/1 evőkanál szójaszósz*

*90 ml/6 evőkanál csirke alaplé*

*3 paradicsom meghámozva és negyedelve*

*10 ml/2 tk kukoricaliszt (kukoricakeményítő)*

*45 ml/3 evőkanál víz*

Melegítsük fel az olajat, és pirítsuk meg a fokhagymát 30 másodpercig. Adjuk hozzá a feketebab szószt és pirítsuk 30 másodpercig, majd adjuk hozzá a csirkét, és addig keverjük, amíg az olaj jól bevonja. Adjuk hozzá a bort vagy a sherryt, a cukrot, a szójaszószt és az alaplevet, forraljuk fel, fedjük le, és pároljuk körülbelül 5 percig, amíg a csirke megpuhul. A kukoricalisztet és a vizet pépesre keverjük, belekeverjük a serpenyőbe, és kevergetve addig pároljuk, amíg a szósz kitisztul és besűrűsödik.

*Gyorsan főtt csirke zöldségekkel*

4-et szolgál ki

*1 tojás fehérje*

*50 g/2 oz kukoricaliszt (kukoricakeményítő)*

*225 g/8 oz csirkemell, csíkokra vágva*

*75 ml/5 evőkanál földimogyoró-olaj*

*200 g/7 oz bambuszrügy, csíkokra vágva*

*50 g/2 oz babcsíra*

*1 zöldpaprika, csíkokra vágva*

*3 újhagyma (hagyma), szeletelve*

*1 szelet gyömbér gyökér, darálva*

*1 gerezd fokhagyma, felaprítva*

*15 ml/1 evőkanál rizsbor vagy száraz sherry*

Verjük fel a tojásfehérjét és a kukoricalisztet, majd mártsuk bele a csirkecsíkokat. Melegítsük fel az olajat közepesen forróra, és süssük a csirkét néhány percig, amíg éppen meg nem pirul. Kivesszük a serpenyőből és jól lecsepegtetjük. Tegye a serpenyőbe a bambuszrügyet, a babcsírát, a borsot, a hagymát, a gyömbért és a fokhagymát, és kevergetve pirítsa 3 percig. Adjuk hozzá a bort vagy a sherryt, és tegyük vissza a csirkét a serpenyőbe. Jól keverjük össze, és tálalás előtt melegítsük át.

*Diós csirke*

4-et szolgál ki

*45 ml/3 evőkanál földimogyoró-olaj*

*2 újhagyma (hagyma), apróra vágva*

*1 szelet gyömbér gyökér, darálva*

*450 g/1 font csirkemell, nagyon vékonyra szeletelve*

*50 g/2 uncia sonka, aprítva*

*30 ml/2 evőkanál szójaszósz*

*30 ml/2 evőkanál rizsbor vagy száraz sherry*

*5 ml/1 teáskanál cukor*

*5 ml/1 teáskanál só*

*100 g/4 oz/1 csésze dió, apróra vágva*

Felforrósítjuk az olajat, és kevergetve pirítjuk benne a hagymát és a gyömbért 1 percig. Hozzáadjuk a csirkét és a sonkát, és kevergetve 5 perc alatt majdnem készre sütjük. Hozzáadjuk a szójaszószt, a bort vagy a sherryt, a cukrot és a sót, és kevergetve 3 percig pirítjuk. Adjuk hozzá a diót, és kevergetve pirítsuk 1 percig, amíg a hozzávalók alaposan össze nem keverednek.

*Csirke dióval*

4-et szolgál ki

*100 g/4 oz/1 csésze héjas dió, félbevágva*

*olaj a rántáshoz*

*45 ml/3 evőkanál földimogyoró-olaj*

*2 szelet gyömbér gyökér, darálva*

*225 g/8 uncia csirke, kockára vágva*

*100 g/4 uncia bambuszrügy, szeletelve*

*75 ml/5 evőkanál csirke alaplé*

A diót előkészítjük, az olajat felforrósítjuk, a diót aranybarnára sütjük, majd jól leszűrjük. Melegítsük fel a földimogyoró-olajat, és pirítsuk meg a gyömbért 30 másodpercig. Hozzáadjuk a csirkét, és kevergetve enyhén barnára sütjük. Adjuk hozzá a többi hozzávalót, forraljuk fel, és kevergetve pároljuk addig, amíg a csirke megpuhul.

*Csirke víz gesztenyével*

4-et szolgál ki

*45 ml/3 evőkanál földimogyoró-olaj*

*2 gerezd fokhagyma, összetörve*

*2 újhagyma (hagyma), apróra vágva*

*1 szelet gyömbérgyökér, apróra vágva*

*225 g/8 oz csirkemell, szeletekre vágva*

*100 g/4 oz vízgesztenye, szeletekre vágva*

*45 ml/3 evőkanál szójaszósz*

*15 ml/1 evőkanál rizsbor vagy száraz sherry*

*5 ml/1 tk kukoricaliszt (kukoricakeményítő)*

Az olajat felhevítjük, és a fokhagymát, az újhagymát és a gyömbért enyhén barnára pirítjuk. Hozzáadjuk a csirkét, és kevergetve 5 percig pirítjuk. Hozzáadjuk a vizes gesztenyét, és kevergetve 3 percig pirítjuk. Adjuk hozzá a szójaszószt, a bort vagy a sherryt és a kukoricalisztet, és kevergetve pirítsuk körülbelül 5 percig, amíg a csirke megpuhul.

*Sós csirke vízi gesztenyével*

4-et szolgál ki

*30 ml/2 evőkanál földimogyoró-olaj*

*4 darab csirke*

*3 újhagyma (hagyma), apróra vágva*

*2 gerezd fokhagyma, összetörve*

*1 szelet gyömbérgyökér, apróra vágva*

*250 ml/8 fl oz/1 csésze szójaszósz*

*30 ml/2 evőkanál rizsbor vagy száraz sherry*

*30 ml/2 evőkanál barna cukor*

*5 ml/1 teáskanál só*

*375 ml/13 fl uncia/1¼ csésze víz*

*225 g/8 oz vízgesztenye, szeletelve*

*15 ml/1 evőkanál kukoricaliszt (kukoricakeményítő)*

Az olajat felforrósítjuk, és a csirkedarabokat aranybarnára sütjük. Hozzáadjuk az újhagymát, a fokhagymát és a gyömbért, és 2 percig pirítjuk. Adjuk hozzá a szójaszószt, a bort vagy a sherryt, a cukrot és a sót, és jól keverjük össze. Adjuk hozzá a vizet, forraljuk fel, fedjük le és pároljuk 20 percig. Adjuk hozzá a vizes gesztenyét, fedjük le és főzzük további 20 percig. A kukoricalisztet kevés vízzel elkeverjük, a szószhoz keverjük, és kevergetve addig pároljuk, amíg a szósz kitisztul és besűrűsödik.

*Csirke Wontons*

4-et szolgál ki

*4 szárított kínai gomba*

*450 g/1 font csirkemell, felaprítva*

*225 g/8 oz vegyes zöldség, apróra vágva*

*1 újhagyma (hagyma), apróra vágva*

*15 ml/1 evőkanál szójaszósz*

*2,5 ml/½ teáskanál só*

*40 wonton skin*

*1 tojás, felvert*

A gombát 30 percre meleg vízbe áztatjuk, majd leszűrjük. Dobja el a szárakat, és vágja fel a kupakokat. Keverjük össze a csirkehússal, a zöldségekkel, a szójaszósszal és a sóval.

A wontonok hajtogatásához tartsa a bőrt a bal tenyerében, és egy kis tölteléket kanalazzon a közepébe. Nedvesítse meg a széleit tojással, és hajtsa háromszög alakúra a bőrt, lezárva a széleket. Nedvesítse meg a sarkokat tojással és csavarja össze.

Forraljunk fel egy fazék vizet. Dobjuk bele a wontonokat, és pároljuk körülbelül 10 percig, amíg fel nem úsznak a tetejére.

*Ropogós csirkeszárny*

4-et szolgál ki

*900 g/2 font csirkeszárny*

*60 ml/4 evőkanál rizsbor vagy száraz sherry*

*60 ml/4 evőkanál szójaszósz*

*50 g/2 uncia/½ csésze kukoricaliszt (kukoricakeményítő)*

*földimogyoró (mogyoró) olaj rántáshoz*

Helyezze a csirkeszárnyakat egy tálba. A többi hozzávalót összekeverjük, és a csirkeszárnyakra öntjük, jól összekeverjük, hogy a szósszal bekenjük. Fedjük le és hagyjuk állni 30 percig. Felforrósítjuk az olajat, és a csirkemellet páronként mélyre sütjük, amíg át nem pirul és sötétbarna. Konyhai papíron jól lecsepegtetjük, és melegen tartjuk, amíg megsütjük a maradék csirkét.

*Ötfűszeres csirkeszárny*

4-et szolgál ki

*30 ml/2 evőkanál földimogyoró-olaj*

*2 gerezd fokhagyma, összetörve*

*450 g/1 font csirkeszárny*

*250 ml/8 fl uncia/1 csésze csirkealaplé*

*30 ml/2 evőkanál szójaszósz*

*5 ml/1 teáskanál cukor*

*5 ml/1 teáskanál ötfűszeres por*

Az olajat és a fokhagymát addig hevítjük, amíg a fokhagyma enyhén megpirul. Hozzáadjuk a csirkét, és enyhén barnára sütjük. Jól keverjük hozzá a többi hozzávalót, és forraljuk fel. Fedjük le és pároljuk körülbelül 15 percig, amíg a csirke megpuhul. Levesszük a fedőt, és időnként megkeverve tovább pároljuk, amíg szinte az összes folyadék el nem párolog. Melegen vagy hidegen tálaljuk.

*Pácolt csirkeszárnyak*

4-et szolgál ki

*45 ml/3 evőkanál szójaszósz*

*45 ml/3 evőkanál rizsbor vagy száraz sherry*

*30 ml/2 evőkanál barna cukor*

*5 ml/1 teáskanál reszelt gyömbér gyökér*

*2 gerezd fokhagyma, összetörve*

*6 újhagyma (hagyma), szeletelve*

*450 g/1 font csirkeszárny*

*30 ml/2 evőkanál földimogyoró-olaj*

*225 g/8 uncia bambuszrügy, szeletelve*

*20 ml/4 tk kukoricaliszt (kukoricakeményítő)*

*175 ml/6 fl uncia/¾ csésze csirkealaplé*

Keverjük össze a szójaszószt, a bort vagy a sherryt, a cukrot, a gyömbért, a fokhagymát és az újhagymát. Adjuk hozzá a csirkeszárnyakat, és keverjük össze, hogy teljesen bevonják. Lefedjük, és időnként megkeverve 1 órát állni hagyjuk. Az olajat felforrósítjuk, és kevergetve 2 percig sütjük a bambuszrügyeket. Vegye ki őket a serpenyőből. A csirkét és a hagymát lecsepegtetjük, a pácot lecsepegtetjük. Felforrósítjuk az olajat, és kevergetve süssük a csirkét minden oldalról barnulásig. Fedjük le és főzzük további 20 percig, amíg a csirke megpuhul. Keverjük össze a kukoricalisztet az alaplével és a fenntartott páccal. Ráöntjük a csirkére, és kevergetve felforraljuk, amíg a szósz besűrűsödik. Keverje hozzá a bambuszrügyet, és keverje tovább további 2 percig.

*Királyi csirkeszárnyak*

4-et szolgál ki

*12 csirkeszárny*

*250 ml/8 fl oz/1 csésze földimogyoró-olaj*

*15 ml/1 evőkanál kristálycukor*

*2 újhagyma (hagyma), kockákra vágva*

*5 szelet gyömbér gyökér*

*5 ml/1 teáskanál só*

*45 ml/3 evőkanál szójaszósz*

*250 ml/8 fl oz/1 csésze rizsbor vagy száraz sherry*

*250 ml/8 fl uncia/1 csésze csirkealaplé*

*10 szelet bambuszrügy*

*15 ml/1 evőkanál kukoricaliszt (kukoricakeményítő)*

*15 ml/1 evőkanál víz*

*2,5 ml/½ teáskanál szezámolaj*

A csirkeszárnyakat forrásban lévő vízben 5 percig blansírozzuk, majd jól leszűrjük. Az olajat felforrósítjuk, hozzáadjuk a cukrot, és addig keverjük, amíg elolvad és aranybarna nem lesz. Adjuk hozzá a csirkét, az újhagymát, a gyömbért, a sót, a szójaszószt, a bort és az alaplevet, forraljuk fel, és lassú tűzön pároljuk 20 percig. Adjuk hozzá a bambuszrügyeket, és pároljuk 2 percig, vagy amíg a folyadék szinte el nem párolog. Keverjük össze a kukoricalisztet a vízzel, keverjük bele a serpenyőbe, és keverjük sűrűre. A csirkeszárnyakat felmelegített tálra tesszük, és szezámolajjal meglocsolva tálaljuk.

*Fűszeres csirkeszárny*

4-et szolgál ki

*30 ml/2 evőkanál földimogyoró-olaj*

*5 ml/1 teáskanál só*

*2 gerezd fokhagyma, összetörve*

*900 g/2 font csirkeszárny*

*30 ml/2 evőkanál rizsbor vagy száraz sherry*

*30 ml/2 evőkanál szójaszósz*

*30 ml/2 evőkanál paradicsompüré (tészta)*

*15 ml/1 evőkanál Worcestershire szósz*

Az olajat, a sót és a fokhagymát felforrósítjuk, és addig pirítjuk, amíg a fokhagyma világos aranybarna nem lesz. Hozzáadjuk a csirkeszárnyakat, és gyakran kevergetve kb. 10 perc alatt aranybarnára és majdnem készre sütjük. Hozzáadjuk a többi hozzávalót, és kevergetve körülbelül 5 percig sütjük, amíg a csirke ropogós nem lesz és alaposan meg nem fő.

*Grillezett csirkecomb*

*4-et szolgál ki*

*16 csirkecomb*

*30 ml/2 evőkanál rizsbor vagy száraz sherry*

*30 ml/2 evőkanál borecet*

*30 ml/2 evőkanál olívaolaj*

*sót és frissen őrölt borsot*

*120 ml/4 fl oz/½ csésze narancslé*

*30 ml/2 evőkanál szójaszósz*

*30 ml/2 evőkanál méz*

*15 ml/1 evőkanál citromlé*

*2 szelet gyömbér gyökér, darálva*

*120 ml/4 fl oz/½ csésze chili szósz*

Keverjük össze az összes hozzávalót a chili szósz kivételével, fedjük le és tegyük a hűtőbe egy éjszakára pácolódni. Vegyük ki a csirkét a pácból, és grillezzük vagy grillezzük (sütjük) körülbelül 25 percig, majd forgassuk meg és locsoljuk meg a chili szósszal sütés közben.

*Hoisin csirkecomb*

4-et szolgál ki

*8 db csirkecomb*

*600 ml/1 pt/2½ csésze csirkealaplé*

*sót és frissen őrölt borsot*

*250 ml/8 fl oz/1 csésze hoisin szósz*

*30 ml/2 evőkanál sima (univerzális) liszt*

*2 tojás, felvert*

*100 g/4 uncia/1 csésze zsemlemorzsa*

*olaj a rántáshoz*

Tegye a csülköt és az alaplevet egy serpenyőbe, forralja fel, fedje le és párolja 20 percig, amíg meg nem fő. Vegye ki a csirkét a serpenyőből, és konyhai papíron szárítsa meg. Tegye a csirkét egy tálba, és ízesítse sóval, borssal. Öntsük le a hoisin szósszal, és hagyjuk 1 órán át pácolódni. Csatorna. Dobd bele a csirkét a lisztbe, majd kend be a tojással és a zsemlemorzsával, majd ismét a tojással és a zsemlemorzsával. Felforrósítjuk az olajat, és körülbelül 5 perc alatt aranybarnára sütjük a csirkét. Konyhai papíron leszűrjük, és melegen vagy hidegen tálaljuk.

*Párolt csirke*

4-6

*75 ml/5 evőkanál földimogyoró-olaj*

*1 csirke*

*3 újhagyma (hagyma), szeletelve*

*3 szelet gyömbér gyökér*

*120 ml/4 fl oz/½ csésze szójaszósz*

*30 ml/2 evőkanál rizsbor vagy száraz sherry*

*5 ml/1 teáskanál cukor*

Az olajat felforrósítjuk, és a csirkemellet barnára sütjük. Adjuk hozzá az újhagymát, a gyömbért, a szójaszószt és a bort vagy a sherryt, és forraljuk fel. Lefedve pároljuk 30 percig, időnként megforgatva. Adjuk hozzá a cukrot, fedjük le és pároljuk további 30 percig, amíg a csirke megpuhul.

*Ropogósra sült csirke*

4-et szolgál ki

*1 csirke*

*só*

*30 ml/2 evőkanál rizsbor vagy száraz sherry*

*3 újhagyma (hagyma), felkockázva*

*1 szelet gyömbér gyökér*

*30 ml/2 evőkanál szójaszósz*

*30 ml/2 evőkanál cukor*

*5 ml/1 teáskanál egész szegfűszeg*

*5 ml/1 teáskanál só*

*5 ml/1 teáskanál szemes bors*

*150 ml/¼ pt/bőséges ½ csésze csirkealaplé*

*olaj a rántáshoz*

*1 saláta, felaprítva*

*4 paradicsom, szeletelve*

*½ uborka, szeletelve*

A csirkét bedörzsöljük sóval, és 3 órát állni hagyjuk. Öblítsük le és tegyük egy tálba. Hozzáadjuk a bort vagy a sherryt, a gyömbért, a szójaszószt, a cukrot, a szegfűszeget, a sót, a szemes borsot és az alaplevet, és jól meglocsoljuk. Állítsa a tálat egy párolóba, fedje le és párolja körülbelül 2¼ órán át, amíg a csirke

136

teljesen meg nem fő. Csatorna. Az olajat füstölésig hevítjük, majd hozzáadjuk a csirkét, és barnára sütjük. Süssük további 5 percig, majd vegyük ki az olajból és csepegtessük le. Vágjuk kockákra, és tegyük egy felmelegített tálra. Díszítsük salátával, paradicsommal és uborkával, és borsos és sós mártogatóssal tálaljuk.



*Rántott egész csirke*

*5-öt szolgál ki*

*1 csirke*
*10 ml/2 teáskanál só*
*15 ml/1 evőkanál rizsbor vagy száraz sherry*
*2 újhagyma (hagyma), félbevágva*
*3 szelet gyömbérgyökér, csíkokra vágva*
*olaj a rántáshoz*

Szárítsa meg a csirkét, és dörzsölje be a bőrt sóval és borral vagy sherryvel. Helyezze az újhagymát és a gyömbért az üregbe. A csirkét hűvös helyen száradni hagyjuk körülbelül 3 órára. Melegítsük fel az olajat, és tegyük a csirkét egy sütőkosárba. Óvatosan engedjük bele az olajba, és kívül-belül folyamatosan pácoljuk, amíg a csirke enyhén meg nem színeződik. Vegyük ki az olajból, és hagyjuk kissé kihűlni, amíg felmelegítjük az olajat. Ismét aranybarnára sütjük. Jól leszűrjük, majd kockákra vágjuk.

*Ötfűszeres csirke*

4-6

*1 csirke*

*120 ml/4 fl oz/½ csésze szójaszósz*

*2,5 cm/1 darab gyömbérgyökér, darálva*

*1 gerezd fokhagyma, összetörve*

*15 ml/1 evőkanál ötfűszeres por*

*30 ml/2 evőkanál rizsbor vagy száraz sherry*

*30 ml/2 evőkanál méz*

*2,5 ml/½ teáskanál szezámolaj*

*olaj a rántáshoz*

*30 ml/2 evőkanál só*

*5 ml/1 teáskanál frissen őrölt bors*

Helyezze a csirkét egy nagy serpenyőbe, és töltse fel vízzel, hogy a comb feléig érjen. Tartson fenn 15 ml/1 evőkanál szójaszószt, a maradékot pedig a gyömbérrel, fokhagymával és az ötfűszerpor felével a serpenyőbe tegye. Forraljuk fel, fedjük le és pároljuk 5 percig. Kapcsolja le a tüzet, és hagyja állni a csirkét a vízben, amíg a víz langyos lesz. Csatorna.

A csirkét hosszában félbevágjuk, és a vágott oldalával lefelé egy tepsibe tesszük. Keverje össze a maradék szójaszószt és az ötfűszeres port a borral vagy sherryvel, a mézzel és a szezámolajjal. Dörzsölje át a keveréket a csirkére, és hagyja állni 2 órán át, időnként megkenve a keverékkel. Felforrósítjuk az olajat, és a csirkefeleket körülbelül 15 perc alatt aranybarnára sütjük és átsütjük. Konyhai papíron leszűrjük, és adag méretű darabokra vágjuk.

Közben keverjük össze a sót és a borsot, és melegítsük száraz serpenyőben körülbelül 2 percig. Mártogatósként tálaljuk a csirkehús mellé.

*Gyömbér és újhagyma csirke*

4-et szolgál ki

*1 csirke*

*2 szelet gyömbérgyökér, csíkokra vágva*

*sót és frissen őrölt borsot*

*90 ml/4 evőkanál földimogyoró-olaj*

*8 újhagyma (hagyma), apróra vágva*

*10 ml/2 tk fehérborecet*

*5 ml/1 teáskanál szójaszósz*

A csirkét egy nagy serpenyőbe tesszük, hozzáadjuk a gyömbér felét, és felöntjük annyi vízzel, hogy majdnem ellepje a csirkét. Sózzuk, borsozzuk. Forraljuk fel, fedjük le és pároljuk körülbelül 1¼ órán át, amíg megpuhul. A csirkét az alaplében állni hagyjuk, amíg kihűl. A csirkemellet lecsepegtetjük, és hidegre tesszük. Részekre vágjuk.

A maradék gyömbért lereszeljük, és összekeverjük az olajjal, az újhagymával, a borecettel és a szójaszósszal, valamint sóval, borssal. 1 órára hűtőbe tesszük. A csirkedarabokat egy tálba tesszük, és ráöntjük a gyömbéres öntettel. Párolt rizzsel tálaljuk.

*Buggyantott csirke*

4-et szolgál ki

*1 csirke*

*1,2 l/2 pont/5 csésze csirkealaplé vagy víz*

*30 ml/2 evőkanál rizsbor vagy száraz sherry*

*4 újhagyma (hagyma), apróra vágva*

*1 szelet gyömbér gyökér*

*5 ml/1 teáskanál só*

Helyezze a csirkét egy nagy serpenyőbe az összes többi hozzávalóval együtt. Az alaplének vagy a víznek a comb feléig kell érnie. Forraljuk fel, fedjük le, és lassú tűzön pároljuk körülbelül 1 órán át, amíg a csirke teljesen meg nem fő. Lecsepegtetjük, az alaplevet levesekhez tartjuk.

*Pirosra főtt csirke*

4-et szolgál ki

*1 csirke*

*250 ml/8 fl oz/1 csésze szójaszósz*

Helyezzük a csirkét egy serpenyőbe, öntsük fel a szójaszósszal, és töltsük fel vízzel, hogy majdnem ellepje a csirkét. Forraljuk fel, fedjük le és pároljuk körülbelül 1 órán át, amíg a csirke megpuhul, időnként megforgatva.

4-et szolgál ki

*2 szelet gyömbér gyökér*

*2 újhagyma (hagyma)*

*1 csirke*

*3 gerezd csillagánizs*

*½ fahéjrúd*

*15 ml/1 evőkanál szemes szecsuáni bors*

*75 ml/5 evőkanál szójaszósz*

*75 ml/5 evőkanál rizsbor vagy száraz sherry*

*75 ml/5 evőkanál szezámolaj*

*15 ml/1 evőkanál cukor*

Helyezze a gyömbért és az újhagymát a csirkeüregbe, és tegye a csirkét egy serpenyőbe. A csillagánizst, a fahéjat és a szemes borsot belekötjük egy darab muszlinba, és beletesszük a serpenyőbe. Öntsük rá a szójaszószt, a bort vagy a sherryt és a szezámolajat. Forraljuk fel, fedjük le és pároljuk körülbelül 45 percig. Adjuk hozzá a cukrot, fedjük le és pároljuk további 10 percig, amíg a csirke megpuhul.

*Szezámmagos sült csirke*

4-et szolgál ki

*50 g/2 uncia szezámmag*

*1 hagyma, finomra vágva*

*2 gerezd fokhagyma, felaprítva*

*10 ml/2 teáskanál só*

*1 szárított piros chili paprika, törve*

*csipet őrölt szegfűszeg*

*2,5 ml/½ teáskanál őrölt kardamom*

*2,5 ml/½ teáskanál őrölt gyömbér*

*75 ml/5 evőkanál földimogyoró-olaj*

*1 csirke*

Keverje össze az összes fűszert és olajat, majd kenje meg a csirkét. Tegye egy sütőformába, és adjon hozzá 30 ml/2 evőkanál vizet. Süssük előmelegített sütőben 180°C/350°F/gáz 4-es fokozaton körülbelül 2 órán keresztül, időnként megpörkölve és megforgatva a csirkét, amíg a csirke aranybarna és átsül. Adjon hozzá még egy kis vizet, ha szükséges, nehogy megégjen.

*Csirke szójaszószban*

4-6

*300 ml/½ pt/1¼ csésze szójaszósz*

*300 ml/½ pt/1¼ csésze rizsbor vagy száraz sherry*

*1 hagyma, apróra vágva*

*3 szelet gyömbér gyökér, darálva*

*50 g/2 uncia/¼ csésze cukor*

*1 csirke*

*15 ml/1 evőkanál kukoricaliszt (kukoricakeményítő)*

*60 ml/4 evőkanál víz*

*1 uborka, meghámozva és felszeletelve*

*30 ml/2 evőkanál apróra vágott friss petrezselyem*

Egy serpenyőben keverjük össze a szójaszószt, a bort vagy a sherryt, a hagymát, a gyömbért és a cukrot, és forraljuk fel. Adjuk hozzá a csirkét, forraljuk vissza, fedjük le, és lassú tűzön főzzük 1 órán át, időnként megforgatva, amíg a csirke megpuhul. Tegye a csirkét egy felmelegített tálra, és vágja ki. Öntse ki a főzőfolyadékot 250 ml/8 fl uncia/1 csésze kivételével, és forralja vissza. A kukoricalisztet és a vizet pépesre keverjük, belekeverjük a serpenyőbe, és kevergetve addig pároljuk, amíg a szósz kitisztul és besűrűsödik. Kenjük meg egy kevés szósszal a csirkét, és díszítsük a csirkét uborkával és petrezselyemmel. A maradék szószt külön tálaljuk.

*Párolt csirke*

4-et szolgál ki

*1 csirke*

*45 ml/3 evőkanál rizsbor vagy száraz sherry*

*só*

*2 szelet gyömbér gyökér*

*2 újhagyma (hagyma)*

*250 ml/8 fl uncia/1 csésze csirkealaplé*

Helyezze a csirkét egy tűzálló tálba, és kenje meg borral vagy sherryvel és sóval, majd helyezze az üregbe a gyömbért és az újhagymát. Tegye a tálat egy párolórácsra, fedje le, és forrásban lévő víz felett párolja körülbelül 1 órán át, amíg meg nem fő. Melegen vagy hidegen tálaljuk.

*Párolt csirke ánizssal*

4-et szolgál ki

*250 ml/8 fl oz/1 csésze szójaszósz*

*250 ml/8 fl uncia/1 csésze víz*

*15 ml/1 evőkanál barna cukor*

*4 gerezd csillagánizs*

*1 csirke*

Egy lábosban összekeverjük a szójaszószt, a vizet, a cukrot és az ánizst, majd enyhe lángon felforraljuk. Helyezze a csirkét egy tálba, és alaposan kenje meg a keverékkel kívül-belül. Melegítse fel a keveréket, és ismételje meg. Helyezze a csirkét egy tűzálló tálba. Tegye a tálat egy párolórácsra, fedje le, és forrásban lévő víz felett párolja körülbelül 1 órán át, amíg meg nem fő.

*Furcsa ízű csirke*

4-et szolgál ki

*1 csirke*

*5 ml/1 tk darált gyömbér gyökér*

*5 ml/1 tk darált fokhagyma*

*45 ml/3 evőkanál sűrű szójaszósz*

*5 ml/1 teáskanál cukor*

*2,5 ml/½ teáskanál borecet*

*10 ml/2 teáskanál szezámszósz*

*5 ml/1 teáskanál frissen őrölt bors*

*10 ml/2 teáskanál chili olaj*

*½ saláta, felaprítva*

*15 ml/1 evőkanál apróra vágott friss koriander*

Helyezze a csirkét egy serpenyőbe, és töltse fel vízzel, hogy a csirkecombok feléig érjen. Forraljuk fel, fedjük le, és lassú tűzön pároljuk körülbelül 1 órán át, amíg a csirke megpuhul. Kivesszük a serpenyőből, jól lecsepegtetjük, majd jeges vízbe áztatjuk, amíg a hús teljesen kihűl. Jól leszűrjük, és 5 cm/2-es darabokra vágjuk. Keverjük össze az összes többi hozzávalót, és öntsük a csirkehúsra. Salátával és korianderrel díszítve tálaljuk.

*Ropogós csirkedarabok*

4-et szolgál ki

*100 g/4 oz sima (általános) liszt*

*csipet só*

*15 ml/1 evőkanál víz*

*1 tojás*

*350 g/12 uncia főtt csirke, kockára vágva*

*olaj a rántáshoz*

Keverjük össze a lisztet, a sót, a vizet és a tojást elég kemény tésztává, ha szükséges, adjunk hozzá még egy kevés vizet. A csirkedarabokat mártsuk bele a tésztába, amíg jól el nem fedik. Az olajat nagyon forróra hevítjük, és a csirkemellet néhány perc alatt ropogósra és aranybarnára sütjük.

*Csirke zöldbabbal*

4-et szolgál ki

*45 ml/3 evőkanál földimogyoró-olaj*

*450 g/1 font főtt csirke, felaprítva*

*5 ml/1 teáskanál só*

*2,5 ml/½ teáskanál frissen őrölt bors*

*225 g/8 oz zöldbab, darabokra vágva*

*1 szár zeller, átlósan felszeletelve*

*225 g/8 uncia gomba, szeletelve*

*250 ml/8 fl uncia/1 csésze csirkealaplé*

*30 ml/2 evőkanál kukoricaliszt (kukoricakeményítő)*

*60 ml/4 evőkanál víz*

*10 ml/2 teáskanál szójaszósz*

Az olajat felforrósítjuk, és a csirkemellet enyhén barnára sütjük, sózzuk, borsozzuk. Adjuk hozzá a babot, a zellert és a gombát, és jól keverjük össze. Adjuk hozzá az alaplevet, forraljuk fel, fedjük le és pároljuk 15 percig. A kukoricalisztet, a vizet és a szójaszószt pépesre keverjük, belekeverjük a serpenyőbe, és kevergetve addig pároljuk, amíg a szósz kitisztul és besűrűsödik.

*Főtt csirke ananásszal*

4-et szolgál ki

*45 ml/3 evőkanál földimogyoró-olaj*

*225 g/8 uncia főtt csirke, kockára vágva*

*sót és frissen őrölt borsot*

*2 szár zeller, átlósan felszeletelve*

*3 szelet ananász, kockákra vágva*

*120 ml/4 fl uncia/½ csésze csirkealaplé*

*15 ml/1 evőkanál szójaszósz*

*10 ml/2 evőkanál kukoricaliszt (kukoricakeményítő)*

*30 ml/2 evőkanál víz*

Az olajat felforrósítjuk, és a csirkét enyhén barnára sütjük. Sózzuk, borsozzuk, hozzáadjuk a zellert és kevergetve 2 percig pirítjuk. Adjuk hozzá az ananászt, az alaplevet és a szójaszószt, és keverjük néhány percig, amíg át nem melegszik. A kukoricalisztet és a vizet keverjük pépesre, keverjük a serpenyőbe, és kevergetve pároljuk addig, amíg a szósz kitisztul és besűrűsödik.

4-et szolgál ki

*45 ml/3 evőkanál földimogyoró-olaj*

*450 g főtt csirke, szeletelve*

*10 ml/2 teáskanál só*

*5 ml/1 teáskanál frissen őrölt bors*

*1 zöldpaprika, kockákra vágva*

*4 nagy paradicsom meghámozva és szeletekre vágva*

*250 ml/8 fl uncia/1 csésze csirkealaplé*

*30 ml/2 evőkanál kukoricaliszt (kukoricakeményítő)*

*15 ml/1 evőkanál szójaszósz*

*120 ml/4 fl uncia/½ csésze víz*

Az olajat felforrósítjuk, és a csirkemellet barnára sütjük, sózzuk, borsozzuk. Adjuk hozzá a paprikát és a paradicsomot. Öntsük fel az alaplével, forraljuk fel, fedjük le és pároljuk 15 percig. A kukoricalisztet, a szójaszószt és a vizet pépesre keverjük, belekeverjük a serpenyőbe, és kevergetve addig pároljuk, amíg a szósz kitisztul és besűrűsödik.

*Szezám csirke*

4-et szolgál ki

*450 g/1 font főtt csirke, csíkokra vágva*

*2 szelet gyömbér, finomra vágva*

*1 újhagyma (hagyma), apróra vágva*

*sót és frissen őrölt borsot*

*60 ml/4 evőkanál rizsbor vagy száraz sherry*

*60 ml/4 evőkanál szezámolaj*

*10 ml/2 teáskanál cukor*

*5 ml/1 teáskanál borecet*

*150 ml/¼ pt/bőséges ½ csésze szójaszósz*

A csirkét egy tálra helyezzük, és megszórjuk gyömbérrel, újhagymával, sóval, borssal. Keverjük össze a bort vagy a sherryt, a szezámolajat, a cukrot, a borecetet és a szójaszószt. Ráöntjük a csirkére.

4-et szolgál ki

*2 poussin, felezve*

*45 ml/3 evőkanál szójaszósz*

*45 ml/3 evőkanál rizsbor vagy száraz sherry*

*120 ml/4 fl oz/½ csésze földimogyoró-olaj*

*1 újhagyma (hagyma), apróra vágva*

*30 ml/2 evőkanál csirke alaplé*

*10 ml/2 teáskanál cukor*

*5 ml/1 teáskanál chili olaj*

*5 ml/1 teáskanál fokhagyma paszta*

*só, bors*

Helyezze a poussinokat egy tálba. Keverjük össze a szójaszószt és a bort vagy sherryt, öntsük rá a poussinokra, fedjük le, és 2 órán át pácoljuk, gyakran fürkészve. Melegítsük fel az olajat, és süssük a poussinokat körülbelül 20 percig, amíg megpuhulnak. Vegye ki őket a serpenyőből, és melegítse fel az olajat. Tegyük vissza őket a serpenyőbe, és süssük aranybarnára. Engedje le az olaj nagy részét. A többi hozzávalót összekeverjük, beletesszük a serpenyőbe, és gyorsan átforrósítjuk. Tálalás előtt öntsük a poussinokra.

*Törökország Mangetouttal*

4-et szolgál ki

*60 ml/4 evőkanál földimogyoró-olaj*

*2 újhagyma (hagyma), apróra vágva*

*2 gerezd fokhagyma, összetörve*

*1 szelet gyömbér gyökér, darálva*

*225 g/8 uncia pulykamell, csíkokra vágva*

*225 g/8 uncia mangetout (hóborsó)*

*100 g/4 uncia bambuszrügy, csíkokra vágva*

*50 g/2 oz vízgesztenye, csíkokra vágva*

*45 ml/3 evőkanál szójaszósz*

*15 ml/1 evőkanál rizsbor vagy száraz sherry*

*5 ml/1 teáskanál cukor*

*5 ml/1 teáskanál só*

*15 ml/1 evőkanál kukoricaliszt (kukoricakeményítő)*

45 ml/3 evőkanál olajat felforrósítunk, és az újhagymát, a fokhagymát és a gyömbért enyhén barnára pirítjuk. Hozzáadjuk a pulykát, és kevergetve 5 percig pirítjuk. Kivesszük a serpenyőből és félretesszük. A maradék olajat felforrósítjuk, és kevergetve 3 percig pirítjuk a mangetoutot, a bambuszrügyet és a vizes gesztenyét. Adja hozzá a szójaszószt, a bort vagy a sherryt, a cukrot és a sót, és tegye vissza a pulykát a serpenyőbe. 1 percig

*155*

kevergetve pirítjuk. A kukoricalisztet kevés vízzel elkeverjük, a serpenyőbe keverjük, és kevergetve addig pároljuk, amíg a szósz kitisztul és besűrűsödik.

*Pulyka paprikával*

4-et szolgál ki

*4 szárított kínai gomba*

*30 ml/2 evőkanál földimogyoró-olaj*

*1 kínai kel csíkokra vágva*

*350 g/12 oz füstölt pulyka, csíkokra vágva*

*1 hagyma, szeletelve*

*1 pirospaprika csíkokra vágva*

*1 zöldpaprika, csíkokra vágva*

*120 ml/4 fl uncia/½ csésze csirkealaplé*

*30 ml/2 evőkanál paradicsompüré (tészta)*

*45 ml/3 evőkanál borecet*

*30 ml/2 evőkanál szójaszósz*

*15 ml/1 evőkanál hoisin szósz*

*10 ml/2 tk kukoricaliszt (kukoricakeményítő)*

*néhány csepp chili olaj*

A gombát 30 percre meleg vízbe áztatjuk, majd leszűrjük. Dobja el a szárakat, és vágja csíkokra a sapkákat. Melegítsük fel az olaj felét, és kevergetve pirítsuk a káposztát körülbelül 5 percig, vagy amíg megpuhul. Vegye ki a serpenyőből. Hozzáadjuk a pulykát, és kevergetve 1 percig pirítjuk. Hozzáadjuk a zöldségeket, és kevergetve 3 percig pirítjuk. Az alaplevet összekeverjük a paradicsompürével, a borecettel és a szószokkal, majd

hozzáadjuk a serpenyőbe a káposztával. A kukoricalisztet kevés

vízzel elkeverjük, a serpenyőbe keverjük, és kevergetve

felforraljuk. Meglocsoljuk chili olajjal, és folyamatos kevergetés

mellett 2 percig pároljuk.

*Kínai sült pulyka*

8-10

*1 kis pulyka*

*600 ml/1 pt/2½ csésze forró víz*

*10 ml/2 teáskanál szegfűbors*

*500 ml/16 fl oz/2 csésze szójaszósz*

*5 ml/1 teáskanál szezámolaj*

*10 ml/2 teáskanál só*

*45 ml/3 evőkanál vaj*

Helyezzük a pulykát egy serpenyőbe, és öntsük fel forró vízzel. Hozzáadjuk a többi hozzávalót a vaj kivételével, és többször megforgatva 1 órát állni hagyjuk. Vegye ki a pulykát a folyadékból, és kenje meg vajjal. Sütőformába tesszük, lazán letakarjuk konyhai alufóliával, és előmelegített sütőben, 160°C/325°F/gázjelzés 3-as hőmérsékleten kb. 4 órán át sütjük, időnként meglocsolva szójaszósszal. Távolítsa el a fóliát, és hagyja, hogy a bőr ropogós legyen a főzés utolsó 30 percében.

*Pulyka dióval és gombával*

4-et szolgál ki

*450 g/1 font pulykamell filé*

*só, bors*

*1 narancs leve*

*15 ml/1 evőkanál sima (univerzális) liszt*

*12 db ecetes fekete dió levével*

*5 ml/1 tk kukoricaliszt (kukoricakeményítő)*

*15 ml/1 evőkanál földimogyoró-olaj*

*2 újhagyma (hagyma), felkockázva*

*225 g gomba*

*45 ml/3 evőkanál rizsbor vagy száraz sherry*

*10 ml/2 teáskanál szójaszósz*

*50 g/2 uncia/½ csésze vaj*

*25 g/1 uncia fenyőmag*

A pulykát 1 cm/½ vastag szeletekre vágjuk. Sóval, borssal és narancslével megszórjuk, és liszttel megszórjuk. A diót lecsepegtetjük és félbevágjuk, a folyadékot letakarva, majd a kukoricaliszttel összekeverjük. Felforrósítjuk az olajat, és kevergetve aranybarnára sütjük a pulykát. Hozzáadjuk az újhagymát és a gombát, és kevergetve 2 percig pirítjuk. Keverje

hozzá a bort vagy a sherryt és a szójaszószt, és párolja 30
másodpercig. Adjuk hozzá a diót a kukoricalisztes keverékhez,
majd keverjük bele a serpenyőbe, és forraljuk fel. Adjuk hozzá a
vajat kis pelyhekben, de ne hagyjuk felforrni. A fenyőmagot
száraz serpenyőben aranybarnára pirítjuk. Tegye át a pulyka
keveréket egy felmelegített tálra, és fenyőmaggal díszítve tálalja.

*Kacsa bambuszrügyekkel*

4-et szolgál ki

*6 szárított kínai gomba*

*1 kacsa*

*50 g/2 oz füstölt sonka, csíkokra vágva*

*100 g/4 uncia bambuszrügy, csíkokra vágva*

*2 újhagyma (hagyma), csíkokra vágva*

*2 szelet gyömbérgyökér, csíkokra vágva*

*5 ml/1 teáskanál só*

A gombát 30 percre meleg vízbe áztatjuk, majd leszűrjük. Dobja
el a szárakat, és vágja csíkokra a sapkákat. Helyezze az összes
hozzávalót egy hőálló tálba, és álljon egy vízzel teli serpenyőbe,
hogy a tál útjának kétharmadáig jusson. Forraljuk fel, fedjük le,

és pároljuk körülbelül 2 órán át, amíg a kacsa megpuhul, szükség szerint öntsünk fel forrásban lévő vizet.

*Kacsa babcsírával*

4-et szolgál ki

*225 g/8 oz babcsíra*

*45 ml/3 evőkanál földimogyoró-olaj*

*450 g/1 font főtt kacsahús*

*15 ml/1 evőkanál osztrigaszósz*

*15 ml/1 evőkanál rizsbor vagy száraz sherry*

*30 ml/2 evőkanál víz*

*2,5 ml/½ teáskanál só*

A babcsírát forrásban lévő vízben 2 percig blansírozzuk, majd leszűrjük. Az olajat felforrósítjuk, a babcsírát 30 másodpercig kevergetve pirítjuk. Adjuk hozzá a kacsát, kevergetve pirítsuk, amíg át nem melegszik. Hozzáadjuk a többi hozzávalót, és kevergetve 2 percig pirítjuk, hogy az ízek összeérjenek. Egyszerre tálaljuk.

*Párolt kacsa*

4-et szolgál ki

*4 újhagyma (hagyma), apróra vágva*

*1 szelet gyömbér gyökér, darálva*

*120 ml/4 fl oz/½ csésze szójaszósz*

*30 ml/2 evőkanál rizsbor vagy száraz sherry*

*1 kacsa*

*120 ml/4 fl oz/½ csésze földimogyoró-olaj*

*600 ml/1 pt/2½ csésze víz*

*15 ml/1 evőkanál barna cukor*

Az újhagymát, a gyömbért, a szójaszószt és a bort vagy sherryt összekeverjük, és kívül-belül bedörzsöljük vele a kacsát. Az olajat felforrósítjuk, és a kacsát minden oldalról enyhén barnára sütjük. Engedje le az olajat. Adjuk hozzá a vizet és a maradék szójaszószt, forraljuk fel, majd fedjük le és pároljuk 1 órán át. Adjuk hozzá a cukrot, majd fedjük le és pároljuk további 40 percig, amíg a kacsa megpuhul.

*Párolt kacsa zellerrel*

4-et szolgál ki

*350 g/12 uncia főtt kacsa, szeletelve*

*1 fej zeller*

*250 ml/8 fl uncia/1 csésze csirkealaplé*

*2,5 ml/½ teáskanál só*

*5 ml/1 teáskanál szezámolaj*

*1 paradicsom szeletekre vágva*

A kacsát párolórácsra helyezzük. Vágja le a zellert 7,5 cm/3 hosszúságúra, és tegye egy serpenyőbe. Öntsük fel az alaplével, ízesítsük sóval, és helyezzük a párolót a serpenyő fölé. Forraljuk fel az alaplevet, majd lassú tűzön főzzük körülbelül 15 percig, amíg a zeller megpuhul, és a kacsa átmelegszik. A kacsát és a zellert egy felmelegített tálra helyezzük, a zellert meglocsoljuk szezámolajjal, és paradicsomkarikákkal díszítve tálaljuk.

*Kacsa gyömbérrel*

4-et szolgál ki

*350 g/12 oz kacsamell, vékonyra szeletelve*

*1 tojás, enyhén felverve*

*5 ml/1 teáskanál szójaszósz*

*5 ml/1 tk kukoricaliszt (kukoricakeményítő)*

*5 ml/1 teáskanál földimogyoró olaj*

*olaj a rántáshoz*

*50 g/2 uncia bambuszrügy*

*50 g mangetout (hóborsó)*

*2 szelet gyömbérgyökér, apróra vágva*

*15 ml/1 evőkanál víz*

*2,5 ml/½ teáskanál cukor*

*2,5 ml/½ teáskanál rizsbor vagy száraz sherry*

*2,5 ml/½ teáskanál szezámolaj*

A kacsát összekeverjük a tojással, a szójaszósszal, a
kukoricaliszttel és az olajjal, majd 10 percig állni hagyjuk. Az
olajat felforrósítjuk, és a kacsát és a bambuszrügyet aranybarnára
sütjük. Kivesszük a serpenyőből és jól lecsepegtetjük. Öntsön ki
a serpenyőből 15 ml/1 evőkanál olaj kivételével, és keverje meg
a kacsát, a bambuszrügyet, a mangetoutot, a gyömbért, a vizet, a

cukrot és a bort vagy sherryt 2 percig. Szezámolajjal
meglocsolva tálaljuk.

*Kacsa zöldbabbal*

4-et szolgál ki

*1 kacsa*

*60 ml/4 evőkanál földimogyoró-olaj*

*2 gerezd fokhagyma, összetörve*

*2,5 ml/½ teáskanál só*

*1 hagyma, apróra vágva*

*15 ml/1 evőkanál reszelt gyömbér gyökér*

*45 ml/3 evőkanál szójaszósz*

*120 ml/4 fl oz/½ csésze rizsbor vagy száraz sherry*

*60 ml/4 evőkanál paradicsom ketchup (catsup)*

*45 ml/3 evőkanál borecet*

*300 ml/½ pt/1¼ csésze csirkealaplé*

*450 g/1 font zöldbab, szeletelve*

*csipetnyi frissen őrölt bors*

*5 csepp chili olaj*

*15 ml/1 evőkanál kukoricaliszt (kukoricakeményítő)*

*30 ml/2 evőkanál víz*

A kacsát 8 vagy 10 részre vágjuk. Az olajat felforrósítjuk, és a
kacsát aranybarnára sütjük. Tedd át egy tálba. Adjuk hozzá a

fokhagymát, sót, hagymát, gyömbért, szójaszószt, bort vagy sherryt, paradicsom ketchupot és borecetet. Keverjük össze, fedjük le és pácoljuk a hűtőben 3 órára.

Az olajat felforrósítjuk, hozzáadjuk a kacsát, az alaplevet és a pácot, felforraljuk, lefedve 1 órán át pároljuk. Adjuk hozzá a babot, fedjük le és pároljuk 15 percig. Adjuk hozzá a borsot és a chili olajat. A kukoricalisztet elkeverjük a vízzel, belekeverjük a serpenyőbe, és kevergetve addig pároljuk, amíg a szósz besűrűsödik.

*Rántott párolt kacsa*

4-et szolgál ki

*1 kacsa*

*sót és frissen őrölt borsot*

*olaj a rántáshoz*

*hoisin szósz*

A kacsát sózzuk, borsozzuk, majd egy hőálló tálba tesszük. Álljunk egy vízzel teli serpenyőbe, hogy a tál kétharmadáig érjen, forraljuk fel, fedjük le, és pároljuk körülbelül 1,5 órán át, amíg a kacsa megpuhul. Lecsepegtetjük és hagyjuk kihűlni.

Az olajat felforrósítjuk, és a kacsát ropogósra és aranybarnára sütjük. Kivesszük és jól lecsepegtetjük. Vágjuk falatnyi darabokra, és Hoisin szósszal tálaljuk.

*Kacsa egzotikus gyümölcsökkel*

4-et szolgál ki

*4 kacsamell filé csíkokra vágva*

*2,5 ml/½ teáskanál ötfűszeres por*

*30 ml/2 evőkanál szójaszósz*

*15 ml/1 evőkanál szezámolaj*

*15 ml/1 evőkanál földimogyoró-olaj*

*3 szár zeller, felkockázva*

*2 szelet ananász, felkockázva*

*100 g/4 oz dinnye, kockára vágva*

*100 g/4 uncia licsi, felezve*

*130 ml/4 fl uncia/½ csésze csirkealaplé*

*30 ml/2 evőkanál paradicsompüré (tészta)*

*30 ml/2 evőkanál hoisin szósz*

*10 ml/2 tk borecet*

*csipet barna cukor*

Helyezze a kacsát egy tálba. Az ötfűszeres port, a szójaszószt és a szezámolajat összekeverjük, a kacsára öntjük és 2 órán át pácoljuk, alkalmanként megkeverve. Az olajat felforrósítjuk, és kevergetve 8 percig sütjük a kacsát. Vegye ki a serpenyőből.

Hozzáadjuk a zellert és a gyümölcsöket, és kevergetve 5 percig

pirítjuk. Tegyük vissza a kacsát a serpenyőbe a többi

hozzávalóval együtt, forraljuk fel, és tálalás előtt kevergetve

pároljuk 2 percig.

*Párolt kacsa kínai levelekkel*

4-et szolgál ki

*1 kacsa*

*30 ml/2 evőkanál rizsbor vagy száraz sherry*

*30 ml/2 evőkanál hoisin szósz*

*15 ml/1 evőkanál kukoricaliszt (kukoricakeményítő)*

*5 ml/1 teáskanál só*

*5 ml/1 teáskanál cukor*

*60 ml/4 evőkanál földimogyoró-olaj*

*4 újhagyma (hagyma), apróra vágva*

*2 gerezd fokhagyma, összetörve*

*1 szelet gyömbér gyökér, darálva*

*75 ml/5 evőkanál szójaszósz*

*600 ml/1 pt/2½ csésze víz*

*225 g/8 uncia kínai levelek, aprítva*

Vágjuk a kacsát körülbelül 6 darabra. Keverjük össze a bort vagy a sherryt, a hoisin szószt, a kukoricalisztet, a sót és a cukrot, majd kenjük rá a kacsára. 1 órát állni hagyjuk. Az olajat felforrósítjuk, és néhány másodpercig megpirítjuk az újhagymát, a fokhagymát és a gyömbért. Hozzáadjuk a kacsát, és minden oldalról enyhén barnára sütjük. Lecsepegtetjük a felesleges zsírt. Öntsük hozzá a szójaszószt és a vizet, forraljuk fel, fedjük le és pároljuk körülbelül 30 percig. Adjuk hozzá a kínai leveleket, fedjük le újra, és pároljuk további 30 percig, amíg a kacsa megpuhul.

*Részeg kacsa*

4-et szolgál ki

*2 újhagyma (hagyma), apróra vágva*

*2 gerezd fokhagyma apróra vágva*

*1,5 l/2½ pont/6 csésze víz*

*1 kacsa*

*450 ml/¾ pt/2 csésze rizsbor vagy száraz sherry*

Az újhagymát, a fokhagymát és a vizet egy nagy lábasba tesszük, és felforraljuk. Adjuk hozzá a kacsát, forraljuk vissza, fedjük le és pároljuk 45 percig. Jól lecsepegtetjük, a folyadékot az alapléhez tartjuk. Hagyjuk kihűlni a kacsát, majd tegyük hűtőbe egy éjszakára. Vágja fel a kacsát darabokra, és tegye egy nagy csavaros fedelű üvegbe. Felöntjük a borral vagy a sherryvel, és

körülbelül 1 hétig hűtjük, majd lecsepegtetjük és hidegen
tálaljuk.



*Ötfűszeres kacsa*

4-et szolgál ki

*150 ml/¼ pt/bőséges ½ csésze rizsbor vagy száraz sherry*

*150 ml/¼ pt/bőséges ½ csésze szójaszósz*

*1 kacsa*

*10 ml/2 tk ötfűszeres por*

Forraljuk fel a bort vagy a sherryt és a szójaszószt. Adjuk hozzá a
kacsát, és forgassuk körülbelül 5 percig. Vegyük ki a kacsát a
serpenyőből, és dörzsöljük a bőrbe az ötfűszeres port. Tegyük
vissza a madarat a serpenyőbe, és öntsünk rá annyi vizet, hogy
félig ellepje a kacsát. Forraljuk fel, fedjük le, és pároljuk
körülbelül 1,5 órán át, amíg a kacsa megpuhul, gyakran
megforgatva és megfőzve. A kacsát 5 cm/2-es darabokra vágjuk,
és melegen vagy hidegen tálaljuk.

*Rántott kacsa gyömbérrel*

4-et szolgál ki

*1 kacsa*

*2 szelet gyömbérgyökér, felaprítva*

*2 újhagyma (hagyma), apróra vágva*

*15 ml/1 evőkanál kukoricaliszt (kukoricakeményítő)*

*30 ml/2 evőkanál szójaszósz*

*30 ml/2 evőkanál rizsbor vagy száraz sherry*

*2,5 ml/½ teáskanál só*

*45 ml/3 evőkanál földimogyoró-olaj*

Távolítsa el a húst a csontokról és vágja kockákra. Keverje össze a húst a többi hozzávalóval, kivéve az olajat. 1 órát állni hagyjuk. Felforrósítjuk az olajat, és a kacsát a páclével kevergetve körülbelül 15 percig sütjük, amíg a kacsa megpuhul.

*Kacsa sonkával és póréhagymával*

4-et szolgál ki

*1 kacsa*

*450 g/1 font füstölt sonka*

*2 póréhagyma*

*2 szelet gyömbér gyökér, darálva*

*45 ml/3 evőkanál rizsbor vagy száraz sherry*

*45 ml/3 evőkanál szójaszósz*

*2,5 ml/½ teáskanál só*

Helyezze a kacsát egy serpenyőbe, és fedje le hideg vízzel. Forraljuk fel, fedjük le és pároljuk körülbelül 20 percig. Engedje le és tartsa le 450 ml/¾ pt/2 csésze alaplevet. Hagyjuk kicsit kihűlni a kacsát, majd vágjuk le a húst a csontokról és vágjuk 5 cm/2-es négyzetekre. Vágjuk a sonkát hasonló darabokra. Vágja le a póréhagyma hosszú darabjait, sodorjon egy szelet kacsát és sonkát a levél belsejébe, és kösse össze zsinórral. Tedd egy hőálló tálba. Adjuk hozzá a gyömbért, a bort vagy a sherryt, a szójaszószt és a sót a fenntartott alapléhez, és öntsük rá a kacsatekercsekre. Helyezze a tálat vízzel teli serpenyőbe úgy, hogy a tál oldalának kétharmada feljebb kerüljön. Forraljuk fel, fedjük le és pároljuk körülbelül 1 órán át, amíg a kacsa megpuhul.



*Mézes-sült kacsa*

4-et szolgál ki

*1 kacsa*

*só*

*3 gerezd fokhagyma, összetörve*

*3 újhagyma (hagyma), felaprítva*

*45 ml/3 evőkanál szójaszósz*

*45 ml/3 evőkanál rizsbor vagy száraz sherry*

*45 ml/3 evőkanál méz*

*200 ml/7 fl uncia/kevés 1 csésze forrásban lévő víz*

Szárítsa meg a kacsát, és dörzsölje be sóval kívül-belül. Keverjük össze a fokhagymát, az újhagymát, a szójaszószt és a bort vagy sherryt, majd osszuk ketté. Az egyik felébe keverjük a mézet, és dörzsöljük át a kacsán, majd hagyjuk megszáradni. Adjuk hozzá a vizet a maradék mézes keverékhez. Öntsük a szójaszószos keveréket a kacsa üregébe, és egy rácsra tegyük egy sütőformába, az aljába kevés vízzel. 180°C-ra előmelegített sütőben süsd kb. 2 órán keresztül, amíg a kacsa megpuhul, és a főzés során meglocsolod a maradék mézes keverékkel.

4-et szolgál ki

*6 újhagyma (hagyma), apróra vágva*

*2 szelet gyömbér gyökér, darálva*

*1 kacsa*

*2,5 ml/½ teáskanál őrölt ánizs*

*15 ml/1 evőkanál cukor*

*45 ml/3 evőkanál rizsbor vagy száraz sherry*

*60 ml/4 evőkanál szójaszósz*

*250 ml/8 fl uncia/1 csésze víz*

Helyezze az újhagyma és a gyömbér felét egy nagy, vastag alapú serpenyőbe. Tegye a maradékot a kacsa üregébe, és tegye a serpenyőbe. Adja hozzá az összes többi hozzávalót, kivéve a hoisin szószt, forralja fel, fedje le és párolja körülbelül 1,5 órán át, időnként megforgatva. Vegye ki a kacsát a serpenyőből, és hagyja száradni körülbelül 4 órán keresztül.

A kacsát egy rácsra helyezzük egy kevés hideg vízzel megtöltött sütőformába. 230°C/450°F/8-as gázjelzésű előmelegített sütőben süsd 15 percig, majd fordítsd meg és süsd további 10 percig, amíg ropogós nem lesz. Közben a fenntartott folyadékot felmelegítjük, és a kacsára öntjük a tálaláshoz.



4-et szolgál ki

*1 kacsa*

*75 ml/5 evőkanál földimogyoró-olaj*

*45 ml/3 evőkanál rizsbor vagy száraz sherry*

*15 ml/1 evőkanál szójaszósz*

*15 ml/1 evőkanál cukor*

*5 ml/1 teáskanál só*

*csipet bors*

*2 gerezd fokhagyma, összetörve*

*225 g gomba, félbevágva*

*600 ml/1 pt/2½ csésze csirkealaplé*

*15 ml/1 evőkanál kukoricaliszt (kukoricakeményítő)*

*30 ml/2 evőkanál víz*

*5 ml/1 teáskanál szezámolaj*

A kacsát 5 cm/2-es darabokra vágjuk. 45 ml/3 evőkanál olajat felforrósítunk, és a kacsát minden oldalról enyhén barnára sütjük. Hozzáadjuk a bort vagy a sherryt, a szójaszószt, a cukrot, a sót és a borsot, és kevergetve 4 percig pirítjuk. Vegye ki a serpenyőből. A maradék olajat felforrósítjuk és a fokhagymát enyhén megpirítjuk. Hozzáadjuk a gombát, és addig keverjük, amíg el nem vonódik az olaj, majd visszatesszük a kacsakeveréket a serpenyőbe, és hozzáadjuk az alaplevet. Forraljuk fel, fedjük le és pároljuk körülbelül 1 órán át, amíg a kacsa megpuhul. A kukoricalisztet és a vizet pépesre keverjük, majd a keverékhez keverjük, és kevergetve addig pároljuk, amíg a szósz besűrűsödik. Meglocsoljuk szezámolajjal és tálaljuk.

*Kacsa két gombával*

4-et szolgál ki

*6 szárított kínai gomba*

*1 kacsa*

*750 ml/1 ¼ pt/3 csésze csirke alaplé*

*45 ml/3 evőkanál rizsbor vagy száraz sherry*

*5 ml/1 teáskanál só*

*100 g/4 uncia bambuszrügy, csíkokra vágva*

*100 g gomba*

A gombát 30 percre meleg vízbe áztatjuk, majd leszűrjük. Dobja el a szárakat, és félezze el a kupakokat. Tegye a kacsát egy nagy hőálló tálba az alaplével, borral vagy sherryvel és sóval, és álljon egy vízzel megtöltött serpenyőbe, hogy az edény oldalának kétharmadáig érjen. Forraljuk fel, fedjük le és pároljuk körülbelül 2 órán keresztül, amíg a kacsa megpuhul. Vegyük ki a serpenyőből, és vágjuk le a húst a csontról. Öntse a főzőfolyadékot egy külön serpenyőbe. A bambuszrügyeket és mindkét gombafajtát elrendezzük a párolóedény aljában, visszahelyezzük a kacsahúst, lefedjük, és további 30 percig pároljuk. A főzőfolyadékot felforraljuk, és a kacsára öntjük a tálaláshoz.

*Párolt kacsa hagymával*

4-et szolgál ki

*4 szárított kínai gomba*

*1 kacsa*

*90 ml/6 evőkanál szójaszósz*

*60 ml/4 evőkanál földimogyoró-olaj*

*1 újhagyma (hagyma), apróra vágva*

*1 szelet gyömbér gyökér, darálva*

*45 ml/3 evőkanál rizsbor vagy száraz sherry*

*450 g/1 font hagyma, szeletelve*

*100 g/4 uncia bambuszrügy, szeletelve*

*15 ml/1 evőkanál barna cukor*

*15 ml/1 evőkanál kukoricaliszt (kukoricakeményítő)*

*45 ml/3 evőkanál víz*

A gombát 30 percre meleg vízbe áztatjuk, majd leszűrjük. Dobja el a szárakat, és szeletelje fel a kupakokat. Dörzsölj a kacsába 15 ml/1 evőkanál szójaszószt. 15 ml/1 evőkanál olajat tartalékolunk, a maradék olajat felforrósítjuk, és az újhagymát és a gyömbért enyhén barnára pirítjuk. Hozzáadjuk a kacsát, és minden oldalról enyhén barnára sütjük. Öntse le a felesleges zsírt. Adjuk hozzá a

180

serpenyőbe a bort vagy a sherryt, a maradék szójaszószt és csak annyi vizet, hogy majdnem ellepje a kacsát. Forraljuk fel, fedjük le és pároljuk 1 órán át, időnként megforgatjuk.

A fenntartott olajat felforrósítjuk, és a hagymát puhára pároljuk. Vegyük le a tűzről, keverjük hozzá a bambuszrügyet és a gombát, majd adjuk hozzá a kacsához, fedjük le és pároljuk további 30 percig, amíg a kacsa megpuhul. A kacsát kivesszük a serpenyőből, tálaló darabokra vágjuk, és felmelegített tálra helyezzük. Forraljuk fel a serpenyőben lévő folyadékokat, adjuk hozzá a cukrot és a kukoricalisztet, és keverjük addig, amíg a keverék felforr és besűrűsödik. A kacsára öntjük a tálaláshoz.

4-et szolgál ki

*1 kacsa*

*3 újhagyma (mogyoróhagyma), kockákra vágva*

*2 szelet gyömbérgyökér, csíkokra vágva*

*1 szelet narancshéj*

*sót és frissen őrölt borsot*

Tegye a kacsát egy nagy serpenyőbe, fedje le vízzel, és forralja fel. Adjuk hozzá az újhagymát, a gyömbért és a narancshéjat, fedjük le, és pároljuk körülbelül 1,5 órán át, amíg a kacsa megpuhul. Sóval, borssal ízesítjük, leszűrjük és tálaljuk.

4-et szolgál ki

*1 kacsa*

*2 gerezd fokhagyma félbevágva*

*45 ml/3 evőkanál földimogyoró-olaj*

*1 hagyma*

*1 narancs*

*120 ml/4 fl oz/½ csésze rizsbor vagy száraz sherry*

*2 szelet gyömbér gyökér, darálva*

*5 ml/1 teáskanál só*

Dörzsölje át a fokhagymát a kacsán kívül-belül, majd kenje meg olajjal. A megpucolt hagymát villával megszurkáljuk, a hámozatlan narancsot a kacsaüregbe helyezzük, és nyárssal lezárjuk. Tegye a kacsát egy rácsra egy kevés forró vízzel töltött sütőforma fölé, és előmelegített sütőben 160°C/325°F/gáz jelzés 3 kb. 2 órán keresztül süsse. Öntse ki a folyadékokat, és tegye vissza a kacsát a sütőformába. Felöntjük a borral vagy a sherryvel, és megszórjuk a gyömbérrel és a sóval. Tegye vissza a sütőbe további 30 percre. A hagymát és a narancsot kidobjuk, a kacsát tálaló darabokra vágjuk. Tálaláskor öntsük a serpenyős leveket a kacsára.

4-et szolgál ki

*225 g/8 oz gesztenye, héjastól*

*1 kacsa*

*45 ml/3 evőkanál földimogyoró-olaj*

*250 ml/8 fl uncia/1 csésze csirkealaplé*

*45 ml/3 evőkanál szójaszósz*

*15 ml/1 evőkanál rizsbor vagy száraz sherry*

*5 ml/1 teáskanál só*

*1 szelet gyömbér gyökér, darálva*

*1 nagy körte meghámozva és vastagon felszeletelve*

*15 ml/1 evőkanál cukor*

A gesztenyét 15 percig főzzük, majd leszűrjük. A kacsát 5 cm/2-es darabokra vágjuk. Az olajat felforrósítjuk, és a kacsát minden oldalról enyhén barnára sütjük. Lecsepegtetjük a felesleges olajat, majd hozzáadjuk az alaplevet, a szójaszószt, a bort vagy a sherryt, a sót és a gyömbért. Forraljuk fel, fedjük le és pároljuk 25 percig, időnként megkeverve. Adjuk hozzá a gesztenyét, fedjük le és pároljuk további 15 percig. A körtét megszórjuk cukorral, hozzáadjuk a serpenyőbe, és körülbelül 5 percig pároljuk, amíg át nem melegszik.

*Pekingi kacsa*

6-ot szolgál ki

*1 kacsa*

*250 ml/8 fl uncia/1 csésze víz*

*120 ml/4 fl oz/½ csésze méz*

*120 ml/4 fl oz/½ csésze szezámolaj*

*A palacsintához:*

*250 ml/8 fl uncia/1 csésze víz*

*225 g/8 uncia/2 csésze sima (univerzális) liszt*

*földimogyoró (mogyoró) olaj a sütéshez*

A mártogatósokhoz:

*120 ml/4 fl oz/½ csésze hoisin szósz*

*30 ml/2 evőkanál barna cukor*

*30 ml/2 evőkanál szójaszósz*

*5 ml/1 teáskanál szezámolaj*

*6 újhagyma (hagyma), hosszában felszeletelve*

*1 uborka, csíkokra vágva*

A kacsának ép bőrrel kell lennie. A nyakat madzaggal szorosan megkötözzük és az alsó nyílást felvarrjuk vagy felnyársaljuk. Vágjon egy kis rést a nyak oldalán, szúrjon be egy szívószálat, és fújjon levegőt a bőr alá, amíg fel nem fújja. Felfüggesztjük a kacsát egy tálra, és hagyjuk 1 órán át lógni.

Forraljunk fel egy serpenyőben vizet, tegyük bele a kacsát és forraljuk 1 percig, majd vegyük ki és jól szárítsuk meg. Forraljuk fel a vizet, és keverjük hozzá a mézet. Dörzsölje át a keveréket a kacsa bőrén, amíg az telítődik. Akassza a kacsát egy mosdókagyló fölé hűvös, szellős helyen körülbelül 8 órán keresztül, amíg a bőre meg nem keményedik.

Függessze fel a kacsát, vagy helyezze rácsra egy sütőforma fölé, és süsse előmelegített sütőben 180°C/350°F/gázmark 4-en körülbelül 1,5 órán át, rendszeresen meglocsolva szezámolajjal.

A palacsintához forraljuk fel a vizet, majd fokozatosan adjuk hozzá a lisztet. Gyúrjuk enyhén, amíg a tészta puha nem lesz, takarjuk le egy nedves ruhával, és hagyjuk állni 15 percig. Lisztezett felületen kinyújtjuk és hosszú hengerré formázzuk. Vágjuk 2,5 cm/1-es szeletekre, majd lapítsuk kb. 5 mm/¼ vastagságúra, és kenjük meg a tetejüket olajjal. Párosával halmozzuk össze úgy, hogy az olajozott felületek érintkezzenek, és a külsejüket finoman szórjuk be liszttel. Nyújtsa ki a párokat körülbelül 10 cm-esre, és páronként süsse mindkét oldalát körülbelül 1 percig, amíg enyhén megpirul. Válaszd szét és halmozd fel tálalásig.

Készítse el a mártogatósokat úgy, hogy a hoisin szósz felét összekeverje a cukorral, a maradék hoisin szószt pedig a szójaszósszal és a szezámolajjal.

A kacsát kivesszük a sütőből, levágjuk a bőrét és négyzetekre vágjuk, a húst felkockázzuk. Külön tányérokra tesszük, és a palacsintával, mártogatóssal és a körettel tálaljuk.


*Párolt kacsa ananászsal*

4-et szolgál ki

*1 kacsa*

*400 g/14 uncia konzerv ananászdarabok szirupban*

*45 ml/3 evőkanál szójaszósz*

*5 ml/1 teáskanál só*

*csipetnyi frissen őrölt bors*

Helyezzük a kacsát egy vastag alapú serpenyőbe, öntsük fel vízzel, forraljuk fel, majd fedjük le és pároljuk 1 órán át. Az ananászszirupot a szójaszósszal, sóval és borssal együtt csepegtessük le a serpenyőbe, fedjük le és pároljuk további 30 percig. Adjuk hozzá az ananászdarabokat, és pároljuk további 15 percig, amíg a kacsa megpuhul.


*Rántott kacsa ananászsal*

4-et szolgál ki

*1 kacsa*

*45 ml/3 evőkanál kukoricaliszt (kukoricakeményítő)*

*45 ml/3 evőkanál szójaszósz*

*225 g/8 uncia konzerv ananász szirupban*

*45 ml/3 evőkanál földimogyoró-olaj*

*2 szelet gyömbérgyökér, csíkokra vágva*

*15 ml/1 evőkanál rizsbor vagy száraz sherry*

*5 ml/1 teáskanál só*

Vágja le a húst a csontról, és vágja darabokra. Keverje össze a szójaszószt 30 ml/2 evőkanál kukoricaliszttel, és keverje a kacsához, amíg jól bevonat nem lesz. Hagyja állni 1 órát, alkalmanként megkeverve. Az ananászt és a szirupot összetörjük, és egy serpenyőben óvatosan felforrósítjuk. A maradék kukoricalisztet kevés vízzel elkeverjük, a serpenyőbe keverjük, és kevergetve addig pároljuk, amíg a szósz besűrűsödik. Tartsd melegen. Az olajat felforrósítjuk és a gyömbért enyhén barnára

sütjük, majd kidobjuk a gyömbért. Hozzáadjuk a kacsát, és
kevergetve minden oldalról enyhén barnára sütjük. Adjuk hozzá
a bort vagy a sherryt és a sót, és kevergetve pirítsuk további
néhány percig, amíg a kacsa megpuhul. A kacsát egy
felmelegített tálra helyezzük, leöntjük a szósszal, és egyben
tálaljuk.



4-et szolgál ki

*1 kacsa*

*100 g/4 oz tartósított gyömbér szirupban*

*200 g/7 uncia konzerv ananászdarabok szirupban*

*5 ml/1 teáskanál só*

*15 ml/1 evőkanál kukoricaliszt (kukoricakeményítő)*

*30 ml/2 evőkanál víz*

Helyezzük a kacsát egy hőálló tálba, és tegyük egy vízzel teli
serpenyőbe úgy, hogy a tál kétharmada feljebb kerüljön.
Forraljuk fel, fedjük le és pároljuk körülbelül 2 órán keresztül,
amíg a kacsa megpuhul. Vegyük ki a kacsát, és hagyjuk kissé
kihűlni. Távolítsa el a bőrt és a csontot, és vágja fel a kacsát
darabokra. Tányérra tesszük és melegen tartjuk.

Egy serpenyőben csepegtessük le a szirupot a gyömbérről és az ananászról, adjuk hozzá a sót, a kukoricalisztet és a vizet. Kevergetve felforraljuk, és kevergetve pár percig pároljuk, amíg a szósz kitisztul és besűrűsödik. Adjuk hozzá a gyömbért és az ananászt, keverjük át, majd öntsük a kacsára tálaláshoz.

*Kacsa ananásszal és licsivel*

4-et szolgál ki

*4 kacsamell*

*15 ml/1 evőkanál szójaszósz*

*1 gerezd csillagánizs*

*1 szelet gyömbér gyökér*

*földimogyoró (mogyoró) olaj rántáshoz*

*90 ml/6 evőkanál borecet*

*100 g/4 uncia/½ csésze barna cukor*

*250 ml/8 fl uncia/½ csésze csirkealaplé*

*15 ml/1 evőkanál paradicsom ketchup (catsup)*

*200 g/7 uncia konzerv ananászdarabok szirupban*

*15 ml/1 evőkanál kukoricaliszt (kukoricakeményítő)*

*6 db licsikonzerv*

*6 maraschino cseresznye*

Tegye a kacsákat, a szójaszószt, az ánizst és a gyömbért egy serpenyőbe, és fedje le hideg vízzel. Forraljuk fel, lefölözzük, majd fedjük le és pároljuk körülbelül 45 percig, amíg a kacsa meg nem fő. Lecsepegtetjük és szárítjuk. Forró olajban ropogósra sütjük.

Közben a borecetet, a cukrot, az alaplevet, a paradicsomketchupot és a 30 ml/2 evőkanál ananászszirupot egy serpenyőben összekeverjük, felforraljuk, és körülbelül 5 perc alatt sűrűre pároljuk. Keverjük hozzá a gyümölcsöt, és melegítsük át, mielőtt a kacsára öntjük tálaláshoz.

*Kacsa sertéshússal és gesztenyével*

*4-et szolgál ki*

*6 szárított kínai gomba*

*1 kacsa*

*225 g/8 oz gesztenye, héjastól*

*225 g/8 uncia sovány sertéshús, kockára vágva*

*3 újhagyma (hagyma), apróra vágva*

*1 szelet gyömbér gyökér, darálva*

*250 ml/8 fl oz/1 csésze szójaszósz*

*900 ml/1 ½ pont/3 ¾ csésze víz*

A gombát 30 percre meleg vízbe áztatjuk, majd leszűrjük. Dobja el a szárakat, és szeletelje fel a kupakokat. Tegyük egy nagy serpenyőbe az összes többi hozzávalóval együtt, forraljuk fel, fedjük le, és pároljuk körülbelül 1,5 órán át, amíg a kacsa megpuhul.

*Kacsa burgonyával*

4-et szolgál ki

*75 ml/5 evőkanál földimogyoró-olaj*

*1 kacsa*

*3 gerezd fokhagyma, összetörve*

*30 ml/2 evőkanál feketebab szósz*

*10 ml/2 teáskanál só*

*1,2 l/2 pont/5 csésze víz*

*2 póréhagyma, vastagon szeletelve*

*15 ml/1 evőkanál cukor*

*45 ml/3 evőkanál szójaszósz*

*60 ml/4 evőkanál rizsbor vagy száraz sherry*

*1 gerezd csillagánizs*

*900 g/2 font burgonya, vastagon szeletelve*

*½ fej kínai levél*

*15 ml/1 evőkanál kukoricaliszt (kukoricakeményítő)*

*30 ml/2 evőkanál víz*

*ágak lapos levelű petrezselyem*

60 ml/4 evőkanál olajat felforrósítunk, és a kacsát minden oldalról barnára sütjük. Kössük vagy varrjuk fel a nyakvégét, és a kacsát nyakkal lefelé egy mély tálba tesszük. A maradék olajat felforrósítjuk és a fokhagymát enyhén megpirítjuk. Adjuk hozzá a feketebab szószt és a sót, és pirítsuk 1 percig. Adjuk hozzá a vizet, a póréhagymát, a cukrot, a szójaszószt, a bort vagy a sherryt és a csillagánizst, és forraljuk fel. Öntsön 120 ml/8 fl oz/1 csésze keveréket a kacsaüregbe, és rögzítse vagy varrja meg. A serpenyőben lévő maradék keveréket felforraljuk. Adjuk hozzá a kacsát és a burgonyát, fedjük le és pároljuk 40 percig úgy, hogy a kacsát egyszer megforgatjuk. Rendezzük el a kínai leveleket egy tálaló tányéron. A kacsát kivesszük a serpenyőből, 5 cm/2-cs darabokra vágjuk, és a burgonyával együtt a tálalólapra rendezzük. A kukoricalisztet pépesre keverjük a vízzel, belekeverjük a serpenyőbe, és kevergetve addig pároljuk, amíg a szósz besűrűsödik. Ráöntjük a kacsára, és petrezselyemmel díszítve tálaljuk.

*Vörösre főtt kacsa*

4-et szolgál ki

*1 kacsa*

*4 újhagyma (mogyoróhagyma), kockákra vágva*

*2 szelet gyömbérgyökér, csíkokra vágva*

*90 ml/6 evőkanál szójaszósz*

*45 ml/3 evőkanál rizsbor vagy száraz sherry*

*10 ml/2 teáskanál só*

*10 ml/2 teáskanál cukor*

Helyezzük a kacsát egy vastag serpenyőbe, öntsük fel vízzel, és forraljuk fel. Adjuk hozzá az újhagymát, a gyömbért, a bort vagy a sherryt és a sót, fedjük le és pároljuk körülbelül 1 órán át.

Adjuk hozzá a cukrot, és pároljuk további 45 percig, amíg a kacsa megpuhul. Szeleteljük fel a kacsát egy tálra, és tálaljuk melegen vagy hidegen, szósszal vagy anélkül.

*Rizsbor Sült kacsa*

4-et szolgál ki

*1 kacsa*

*500 ml/14 fl uncia/1¾ csésze rizsbor vagy száraz sherry*

*5 ml/1 teáskanál só*

*45 ml/3 evőkanál szójaszósz*

Tegye a kacsát egy vastag lábasba a sherryvel és a sóval, forralja fel, fedje le és párolja 20 percig. A kacsát lecsepegtetjük, a folyadékot letartva, és szójaszósszal bedörzsöljük. Tegye rácsra egy kevés forró vízzel töltött tepsibe, és 180°C/350°F/gázmark 4-es előmelegített sütőben süsse kb. 1 órán át, rendszeresen meglocsolva a fenntartott borfolyadékkal.

*Párolt kacsa rizsborral*

4-et szolgál ki

*1 kacsa*

*4 újhagyma (hagyma), félbevágva*

*1 szelet gyömbérgyökér, apróra vágva*

*250 ml/8 fl oz/1 csésze rizsbor vagy száraz sherry*

*30 ml/2 evőkanál szójaszósz*

*csipet só*

A kacsát forrásban lévő vízben 5 percig blansírozzuk, majd leszűrjük. Tedd egy hőálló tálba a többi hozzávalóval. Állítsa a tálat vízzel teli serpenyőbe úgy, hogy a tál oldalának kétharmada feljebb kerüljön. Forraljuk fel, fedjük le és pároljuk körülbelül 2 órán keresztül, amíg a kacsa megpuhul. Tálalás előtt dobja ki az újhagymát és a gyömbért.

*Sós kacsa*

# 4-et szolgál ki

*45 ml/3 evőkanál földimogyoró-olaj*

*4 kacsamell*

*3 újhagyma (hagyma), szeletelve*

*2 gerezd fokhagyma, összetörve*

*1 szelet gyömbérgyökér, apróra vágva*

*250 ml/8 fl oz/1 csésze szójaszósz*

*30 ml/2 evőkanál rizsbor vagy száraz sherry*

*30 ml/2 evőkanál barna cukor*

*5 ml/1 teáskanál só*

*450 ml/¾ pt/2 csésze víz*

*15 ml/1 evőkanál kukoricaliszt (kukoricakeményítő)*

Az olajat felforrósítjuk, és a kacsamelleket aranybarnára sütjük. Hozzáadjuk az újhagymát, a fokhagymát és a gyömbért, és 2 percig pirítjuk. Adjuk hozzá a szójaszószt, a bort vagy a sherryt, a cukrot és a sót, és jól keverjük össze. Adjuk hozzá a vizet, forraljuk fel, fedjük le és pároljuk körülbelül 1,5 órán át, amíg a hús nagyon megpuhul. A kukoricalisztet kevés vízzel elkeverjük, majd a serpenyőbe öntjük, és kevergetve addig pároljuk, amíg a szósz besűrűsödik.

*Sós kacsa zöldbabbal*

*4-et szolgál ki*

*45 ml/3 evőkanál földimogyoró-olaj*

*4 kacsamell*

*3 újhagyma (hagyma), szeletelve*

*2 gerezd fokhagyma, összetörve*

*1 szelet gyömbérgyökér, apróra vágva*

*250 ml/8 fl oz/1 csésze szójaszósz*

*30 ml/2 evőkanál rizsbor vagy száraz sherry*

*30 ml/2 evőkanál barna cukor*

*5 ml/1 teáskanál só*

*450 ml/¾ pt/2 csésze víz*

*225 g/8 uncia zöldbab*

*15 ml/1 evőkanál kukoricaliszt (kukoricakeményítő)*

Az olajat felforrósítjuk, és a kacsamelleket aranybarnára sütjük.
Hozzáadjuk az újhagymát, a fokhagymát és a gyömbért, és 2
percig pirítjuk. Adjuk hozzá a szójaszószt, a bort vagy a sherryt,
a cukrot és a sót, és jól keverjük össze. Adjuk hozzá a vizet,
forraljuk fel, fedjük le és pároljuk körülbelül 45 percig. Adjuk
hozzá a babot, fedjük le és pároljuk további 20 percig. A
kukoricalisztet kevés vízzel elkeverjük, majd a serpenyőbe
öntjük, és kevergetve addig pároljuk, amíg a szósz besűrűsödik.

*Lassan főtt kacsa*

4-et szolgál ki

*1 kacsa*

*50 g/2 uncia/½ csésze kukoricaliszt (kukoricakeményítő)*

*olaj a rántáshoz*

*2 gerezd fokhagyma, összetörve*

*30 ml/2 evőkanál rizsbor vagy száraz sherry*

*30 ml/2 evőkanál szójaszósz*

*5 ml/1 teáskanál reszelt gyömbér gyökér*

*750 ml/1 ¼ pt/3 csésze csirke alaplé*

*4 szárított kínai gomba*

*225 g/8 uncia bambuszrügy, szeletelve*

*225 g/8 oz vízgesztenye, szeletelve*

*10 ml/2 teáskanál cukor*

A kacsát adag méretű darabokra vágjuk. Tartson fenn 30 ml/2 evőkanál kukoricalisztet, és vonja be a kacsát a maradék kukoricalisztbe. Leporolja a felesleget. Az olajat felforrósítjuk és a fokhagymát és a kacsát enyhén barnára pirítjuk. Kivesszük a tepsiből, és konyhai papíron lecsepegtetjük. Helyezze a kacsát egy nagy serpenyőbe. Keverje össze a bort vagy sherryt, 15 ml/1 evőkanál szójaszószt és a gyömbért. Adjuk hozzá a serpenyőbe, és főzzük erős lángon 2 percig. Adjuk hozzá az alaplé felét, forraljuk fel, fedjük le és pároljuk körülbelül 1 órán át, amíg a kacsa megpuhul.

Közben a gombát 30 percre meleg vízbe áztatjuk, majd leszűrjük. Dobja el a szárakat, és szeletelje fel a kupakokat. Adjuk hozzá a gombát, a bambuszrügyet és a vizes gesztenyét a kacsához, és főzzük gyakran kevergetve 5 percig. Távolítson el minden zsírt a folyadékról. A maradék alaplevet, a kukoricalisztet és a szójaszószt összekeverjük a cukorral és a borssal, majd a serpenyőbe keverjük. Kevergetve felforraljuk, majd körülbelül 5 percig főzzük, amíg a szósz besűrűsödik. Egy felmelegített tálba tesszük, és újhagymával díszítve tálaljuk.

*Rántott kacsa*

4-et szolgál ki

*1 tojásfehérje enyhén felverve*

*20 ml/1½ evőkanál kukoricaliszt (kukoricakeményítő)*

*só*

*450 g/1 font kacsamell, vékonyra szeletelve*

*45 ml/3 evőkanál földimogyoró-olaj*

*2 újhagyma (hagyma), csíkokra vágva*

*1 zöldpaprika, csíkokra vágva*

*5 ml/1 teáskanál rizsbor vagy száraz sherry*

*75 ml/5 evőkanál csirke alaplé*

*2,5 ml/½ teáskanál cukor*

Verjük fel a tojásfehérjét 15 ml/1 evőkanál kukoricaliszttel és egy csipet sóval. Adjuk hozzá a felszeletelt kacsát, és addig keverjük, amíg a kacsa be nem vonódik. Az olajat felforrósítjuk és a kacsát aranybarnára sütjük. Vegye ki a kacsát a serpenyőből, és 30 ml/2 evőkanál olaj kivételével csepegtesse le az egészet. Hozzáadjuk az újhagymát és a borsot, és kevergetve 3 percig pirítjuk. Adjuk hozzá a bort vagy a sherryt, az alaplevet és a cukrot, és forraljuk fel. A maradék kukoricalisztet kevés vízzel elkeverjük, a szószhoz keverjük, és kevergetve addig pároljuk, amíg a szósz besűrűsödik. Belekeverjük a kacsát, átforrósítjuk és tálaljuk.



*4-et szolgál ki*

*1 kacsa*

*250 ml/8 fl oz/1 csésze földimogyoró-olaj*

*225 g/8 oz édesburgonya, meghámozva és felkockázva*

*2 gerezd fokhagyma, összetörve*

*1 szelet gyömbér gyökér, darálva*

*2,5 ml/½ teáskanál fahéj*

*2,5 ml/½ teáskanál őrölt szegfűszeg*

*csipetnyi őrölt ánizs*

*5 ml/1 teáskanál cukor*

*15 ml/1 evőkanál szójaszósz*

*250 ml/8 fl uncia/1 csésze csirkealaplé*

*15 ml/1 evőkanál kukoricaliszt (kukoricakeményítő)*

*30 ml/2 evőkanál víz*

A kacsát 5 cm/2-es darabokra vágjuk. Az olajat felforrósítjuk, és a burgonyát aranybarnára sütjük. Vegye ki őket a serpenyőből, és 30 ml/2 evőkanál olaj kivételével csepegtesse le. Adjuk hozzá a fokhagymát és a gyömbért, és kevergetve pirítsuk 30 másodpercig. Hozzáadjuk a kacsát, és minden oldalról enyhén barnára sütjük. Adjuk hozzá a fűszereket, a cukrot, a szójaszószt és az alaplevet, majd forraljuk fel. Adjuk hozzá a burgonyát, fedjük le és pároljuk körülbelül 20 percig, amíg a kacsa megpuhul. A kukoricalisztet habosra keverjük a vízzel, majd a serpenyőbe keverjük, és kevergetve addig pároljuk, amíg a szósz besűrűsödik.

*Édes-savanyú kacsa*

## 4-et szolgál ki

*1 kacsa*

*1,2 l / 2 pont / 5 csésze csirke alaplé*

*2 hagyma*

*2 sárgarépa*

*2 gerezd fokhagyma, szeletelve*

*15 ml/1 evőkanál pácfűszer*

*10 ml/2 teáskanál só*

*10 ml/2 tk földimogyoró-olaj*

*6 újhagyma (hagyma), apróra vágva*

*1 mangó meghámozva és felkockázva*

*12 licsi félbevágva*

*15 ml/1 evőkanál kukoricaliszt (kukoricakeményítő)*

*15 ml/1 evőkanál borecet*

*10 ml/2 tk paradicsompüré (tészta)*

*15 ml/1 evőkanál szójaszósz*

*5 ml/1 teáskanál ötfűszeres por*

*300 ml/½ pt/1¼ csésze csirkealaplé*

Tegye a kacsát egy gőzkosárba egy serpenyő fölé, amely tartalmazza az alaplét, hagymát, sárgarépát, fokhagymát, pácfűszert és sót. Fedjük le és pároljuk 2 és fél órán át. Hűtsük le a kacsát, fedjük le és hűtsük 6 órán át. Távolítsa el a húst a csontokról, és vágja kockákra. Az olajat felforrósítjuk, és a kacsát és az újhagymát ropogósra pirítjuk. Keverjük hozzá a többi hozzávalót, forraljuk fel, és kevergetve főzzük 2 percig, amíg a szósz besűrűsödik.

*Mandarin kacsa*

4-et szolgál ki

*1 kacsa*

*60 ml/4 evőkanál földimogyoró-olaj*

*1 db szárított mandarin héja*

*900 ml/1 ½ pont/3¾ csésze csirkealaplé*

*5 ml/1 teáskanál só*

Akassza fel a kacsát száradni 2 órára. Az olaj felét felforrósítjuk, és enyhén barnára sütjük a kacsát. Tedd át egy nagy hőálló tálba. A maradék olajat felforrósítjuk és a mandarin héját 2 percig sütjük, majd a kacsába helyezzük. Az alaplevet a kacsára öntjük és sóval ízesítjük. Tegye a tálat egy rácsra egy párolóba, fedje le és párolja körülbelül 2 órán keresztül, amíg a kacsa megpuhul.

*Kacsa zöldségekkel*

4-et szolgál ki

*1 nagy kacsa, 16 darabra vágva*

*só*

*300 ml/½ pt/1¼ csésze víz*

*300 ml/½ pt/1¼ csésze száraz fehérbor*

*120 ml/4 fl oz/½ csésze borecet*

*45 ml/3 evőkanál szójaszósz*

*30 ml/2 evőkanál szilvaszósz*

*30 ml/2 evőkanál hoisin szósz*

*5 ml/1 teáskanál ötfűszeres por*

*6 újhagyma (hagyma), apróra vágva*

*2 sárgarépa, apróra vágva*

*5 cm/2 fehér retekben, apróra vágva*

*50 g kínai kel, kockára vágva*

*frissen őrölt bors*

*5 ml/1 teáskanál cukor*

A kacsadarabokat egy tálba tesszük, megszórjuk sóval, majd hozzáadjuk a vizet és a bort. Adjuk hozzá a borecetet, a szójaszószt, a szilvaszószt, a hoisin szószt és az ötfűszeres port, forraljuk fel, fedjük le és pároljuk körülbelül 1 órán át. Adjuk hozzá a zöldségeket a serpenyőbe, vegyük le a fedőt, és pároljuk további 10 percig. Sóval, borssal és cukorral ízesítjük, majd hagyjuk kihűlni. Lefedjük és egy éjszakára hűtőbe tesszük. Húzzuk le a zsírt, majd melegítsük újra a kacsát a szószban 20 percig.

*Rántott kacsa zöldségekkel*

4-et szolgál ki

*4 szárított kínai gomba*

*1 kacsa*

*10 ml/2 tk kukoricaliszt (kukoricakeményítő)*

*15 ml/1 evőkanál szójaszósz*

*45 ml/3 evőkanál földimogyoró-olaj*

*100 g/4 uncia bambuszrügy, csíkokra vágva*

*50 g/2 oz vízgesztenye, csíkokra vágva*

*120 ml/4 fl uncia/½ csésze csirkealaplé*

*15 ml/1 evőkanál rizsbor vagy száraz sherry*

*5 ml/1 teáskanál só*

A gombát 30 percre meleg vízbe áztatjuk, majd leszűrjük. Dobja el a szárakat, és vágja fel a kupakokat. Távolítsa el a húst a csontokról és vágja kockákra. A kukoricalisztet és a szójaszószt összekeverjük, a kacsahúshoz adjuk és 1 órát állni hagyjuk. Az olajat felforrósítjuk, és a kacsát minden oldalról enyhén barnára sütjük. Vegye ki a serpenyőből. Tedd a serpenyőbe a gombát, a bambuszrügyet és a vizes gesztenyét, és kevergetve pirítsd 3 percig. Adjuk hozzá az alaplevet, a bort vagy a sherryt és a sót, forraljuk fel és pároljuk 3 percig. Tegyük vissza a kacsát a serpenyőbe, fedjük le és pároljuk további 10 percig, amíg a kacsa megpuhul.

*Fehérre főtt kacsa*

4-et szolgál ki

*1 szelet gyömbérgyökér, apróra vágva*

*250 ml/8 fl oz/1 csésze rizsbor vagy száraz sherry*

*sót és frissen őrölt borsot*

*1 kacsa*

*3 újhagyma (hagyma), apróra vágva*

*5 ml/1 teáskanál só*

*100 g/4 uncia bambuszrügy, szeletelve*

*100 g/4 oz füstölt sonka, szeletelve*

Keverjük össze a gyömbért, 15 ml/1 evőkanál bort vagy sherryt, kevés sót és borsot. Dörzsölje át a kacsát és hagyja állni 1 órát. Helyezzük a madarat egy vastag alapú serpenyőbe a páclével, és adjuk hozzá az újhagymát és a sót. Annyi hideg vizet adunk hozzá, hogy ellepje a kacsát, forraljuk fel, fedjük le és pároljuk körülbelül 2 órán keresztül, amíg a kacsa megpuhul. Adjuk hozzá a bambuszrügyet és a sonkát, és pároljuk további 10 percig.

*Kacsa borral*

4-et szolgál ki

*1 kacsa*

*15 ml/1 evőkanál sárgabab szósz*

*1 hagyma, szeletelve*

*1 üveg száraz fehérbor*

A kacsát kívül-belül bedörzsöljük a sárgabab szósszal. Helyezze a hagymát az üregbe. Forraljuk fel a bort egy nagy serpenyőben, adjuk hozzá a kacsát, forraljuk vissza, fedjük le és pároljuk a

lehető legpuhábban körülbelül 3 órán át, amíg a kacsa megpuhul.
Lecsöpögtetjük és felszeleteljük a tálaláshoz.




4-et szolgál ki

*1 kacsa*

*zeller só*

*200 ml/7 fl oz/kevés 1 csésze rizsbor vagy száraz sherry*

*30 ml/2 evőkanál apróra vágott friss petrezselyem*


211

A kacsát kívül-belül bedörzsöljük zellersóval, majd mély, tűzálló edénybe tesszük. Helyezzen egy tűzálló poharat a borral a kacsa üregébe. Tegye az edényt egy rácsra egy párolóba, fedje le, és forrásban lévő víz felett párolja körülbelül 2 órán át, amíg a kacsa megpuhul.

*Sült fácán*

4-et szolgál ki

*900 g/2 font fácán*

*30 ml/2 evőkanál szójaszósz*

*4 tojás, felvert*

*120 ml/4 fl oz/½ csésze földimogyoró-olaj*

A fácánt kicsontozzuk, a húst felszeleteljük. Keverjük össze a szójaszósszal, és hagyjuk állni 30 percig. A fácánt lecsepegtetjük, majd a tojásba mártjuk. Az olajat felforrósítjuk, és a fácánt gyorsan aranybarnára sütjük. Tálalás előtt jól lecsepegtetjük.

*Fácán mandulával*

4-et szolgál ki

*45 ml/3 evőkanál földimogyoró-olaj*

*2 újhagyma (hagyma), apróra vágva*

*1 szelet gyömbér gyökér, darálva*

*225 g/8 uncia fácán, nagyon vékonyra szeletelve*

*50 g/2 uncia sonka, aprítva*

*30 ml/2 evőkanál szójaszósz*

*30 ml/2 evőkanál rizsbor vagy száraz sherry*

*5 ml/1 teáskanál cukor*

*5 ml/1 teáskanál frissen őrölt bors*

*2,5 ml/½ teáskanál só*

*100 g/4 oz/1 csésze pelyhes mandula*

Az olajat felhevítjük, és az újhagymát és a gyömbért enyhén barnára pirítjuk. Hozzáadjuk a fácánt és a sonkát, és kevergetve 5 perc alatt majdnem készre sütjük. Hozzáadjuk a szójaszószt, a bort vagy a sherryt, a cukrot, a borsot és a sót, és kevergetve 2 percig pirítjuk. Adjuk hozzá a mandulát, és kevergetve pirítsuk 1 percig, amíg a hozzávalók alaposan össze nem keverednek.

*Őzgerinc szárított gombával*

4-et szolgál ki

*8 szárított kínai gomba*

*450 g/1 font szarvasfilé, csíkokra vágva*

*15 ml/1 evőkanál borókabogyó, őrölt*

*15 ml/1 evőkanál szezámolaj*

*30 ml/2 evőkanál szójaszósz*

*30 ml/2 evőkanál hoisin szósz*

*5 ml/1 teáskanál ötfűszeres por*

*30 ml/2 evőkanál földimogyoró-olaj*

*6 újhagyma (hagyma), apróra vágva*

*30 ml/2 evőkanál méz*

*30 ml/2 evőkanál borecet*

A gombát 30 percre meleg vízbe áztatjuk, majd leszűrjük. Dobja el a szárakat, és szeletelje fel a kupakokat. Helyezzük a szarvast egy tálba. A borókabogyót, a szezámolajat, a szójaszószt, a hoisin szószt és az ötfűszeres port összekeverjük, ráöntjük a szarvasra, és legalább 3 órán át pácoljuk, alkalmanként megkeverve. Felforrósítjuk az olajat, és kevergetve 8 percig sütjük a húst, amíg megpuhul. Vegye ki a serpenyőből. A serpenyőbe tesszük az újhagymát és a gombát, és kevergetve 3 percig pirítjuk. A húst visszatesszük a serpenyőbe a mézzel és a borecettel, és kevergetve átmelegítjük.

*Sózott tojás*

**6-ot tesz ki**

*1,2 l/2 pont/5 csésze víz*

*100 g/4 oz kősó*

*6 kacsatojás*

A vizet a sóval felforraljuk, és addig keverjük, amíg a só fel nem oldódik. Hagyjuk kihűlni. Öntsük a sós vizet egy nagy üvegbe, adjuk hozzá a tojásokat, fedjük le, és hagyjuk állni 1 hónapig. A tojást keményre főzzük, mielőtt rizzsel párolnánk.

*Szója tojás*

4-et szolgál ki

*4 tojás*

*120 ml/4 fl oz/½ csésze szójaszósz*

*120 ml/4 fl uncia/½ csésze víz*

*50 g/2 uncia/¼ csésze barna cukor*

*½ fej saláta, felaprítva*

*2 paradicsom, szeletelve*

A tojásokat egy serpenyőbe tesszük, felöntjük hideg vízzel,
felforraljuk és 10 percig forraljuk. Lecsepegtetjük és folyó víz
alatt lehűtjük. Tegyük vissza a tojásokat a serpenyőbe, és adjuk
hozzá a szójaszószt, a vizet és a cukrot. Forraljuk fel, fedjük le és
pároljuk 1 órán át. A salátát tálaló tányérra rendezzük. A
tojásokat negyedeljük, és a saláta tetejére tesszük.
Paradicsommal díszítve tálaljuk.

*Tea tojás*

*4-6*

*6 tojás*

*10 ml/2 teáskanál só*

*3 zacskó kínai tea*

*45 ml/3 evőkanál szójaszósz*

*1 gerezd csillagánizs, széttörve*

A tojásokat egy lábasba tesszük, felöntjük hideg vízzel, majd
lassan felforraljuk, és lassú tűzön 15 percig főzzük. A tűzről

levéve a tojásokat hideg vízbe tesszük, amíg kihűl. 5 percig állni hagyjuk. Vegye ki a tojásokat a serpenyőből, és finoman törje fel a héját, de ne távolítsa el. Tegyük vissza a tojásokat a serpenyőbe, és öntsük fel hideg vízzel. Adjuk hozzá a többi hozzávalót, forraljuk fel, majd pároljuk másfél órán át. Hűtsük le és távolítsuk el a héjat.

*Tojáskrém*

4-et szolgál ki

*4 tojás, felvert*

*375 ml/13 fl uncia/1½ csésze csirkealaplé*

*2,5 ml/½ teáskanál só*

*1 újhagyma (hagyma), felaprítva*

*100 g hámozott garnélarák, durvára vágva*

*15 ml/1 evőkanál szójaszósz*

*15 ml/1 evőkanál földimogyoró-olaj*

Keverje össze az összes hozzávalót az olaj kivételével egy mély tálban, és tegye a tálat egy 2,5 cm/1 hüvelyk vízzel töltött sütőformába. Fedjük le és pároljuk 15 percig. Az olajat felforrósítjuk, és a pudingra öntjük. Fedjük le és pároljuk további 15 percig.

*Párolt tojás*

4-et szolgál ki

*250 ml/8 fl uncia/1 csésze csirkealaplé*

*4 tojás, enyhén felverve*

*15 ml/1 evőkanál rizsbor vagy száraz sherry*

*5 ml/1 teáskanál földimogyoró olaj*

*2,5 ml/½ teáskanál só*

*2,5 ml/½ teáskanál cukor*

*2 újhagyma (hagyma), apróra vágva*

*15 ml/1 evőkanál szójaszósz*

A tojásokat enyhén felverjük a borral vagy sherryvel, olajjal, sóval, cukorral és újhagymával. Az alaplevet felmelegítjük, majd lassan hozzákeverjük a tojásos keverékhez, és egy lapos tűzálló edénybe öntjük. Tegye az edényt egy gőzölős rácsra, fedje le, és enyhén, forrásban lévő víz fölött párolja körülbelül 30 percig, amíg a keverék sűrű puding állagú lesz. Tálalás előtt meglocsoljuk szójaszósszal.